★★★ 中等职业教育通用教材

主　　编 李宗义
副 主 编 武承文
编委会成员（按姓氏音序排序）
焦太安 李宗义 马　云 武承文 辛志伟

兰州大学出版社

AUTOCADMOKUAIHUAJIAOCHENG

AutoCAD 模块化教程

zhongdengzhiyejiaoyu

图书在版编目(CIP)数据

AutoCAD 模块化教程 / 李宗义主编. —兰州:兰州大学出版社,2008.7
中等职业教育通用教材
ISBN 978-7-311-03124-4

Ⅰ.A… Ⅱ.李… Ⅲ.计算机辅助设计—应用软件,AutoCAD 2008—专业学校—教材 Ⅳ.TP391.72

中国版本图书馆 CIP 数据核字(2008)第 118176 号

策划编辑 张国梁
责任编辑 魏春玲
封面设计 张友乾

书　　名 AutoCAD 模块化教程
主　　编 李宗义
出版发行 兰州大学出版社 (地址:兰州市天水南路 222 号 730000)
电　　话 0931-8912613(总编办公室) 0931-8617156(营销中心)
0931-8914298(读者服务部)
网　　址 http://www.onbook.com.cn
电子信箱 press@lzu.edu.cn
印　　刷 兰州万易印务有限责任公司
开　　本 787 mm×1092 mm 1/16
印　　张 10.75
字　　数 248 千
版　　次 2008 年 7 月第 1 版
印　　次 2014 年 2 月第 2 次印刷
书　　号 ISBN 978-7-311-03124-4
定　　价 23.00 元

出版说明

我国当前的教育格局是:第一,普及义务教育;第二,大力发展职业教育;第三,提高高等教育的质量。其中,职业教育被置于需要大力发展的重要地位。但是,由于我国职业教育起步较晚,教材建设与职业教育快速发展的需要存在很大差距。近年来,职业教育教材似乎并不缺乏,但普遍存在着这样或那样的问题,如内容陈旧且难度偏大,不符合教学实际;重理论、轻实用,缺乏职业特色,偏离职教目标;脱离地区、行业职业发展实际,未能充分体现"以就业为导向"的职教方针,等等。就西部地区而言,从教学效果看,由于现行教材编写时没有充分考虑我国地域发展不平衡的现状,没有充分照顾到经济文化相对落后的西部地区的实际情况,教材使用中存在"水土不服"的现象。因此,针对现状,分析实际存在的问题,尽早尽快地进行教材改革和教材建设,打造适合西部地区生源状况、教学实际、就业需要的"本土教材",就显得尤为必要。

去年以来,我社组织人力率先对甘肃、青海、宁夏、内蒙古等省区的高职高专、中职中专院校展开深入广泛的调研,了解各院校学生来源、师资力量、教材配置、就业形势等情况,专门召开了由教学一线优秀教师、专家共同参与的教材编写研讨会,反复探讨教学改革、教材建设的新理念、新路子,并针对多门学科教材的使用情况,多方商讨,精心编撰,于2008年秋季先期出版了高职高专、中职中专公共课、专业基础课近二十种职业教育教材,如《职业发展与就业指导》(高职)、《体育与健康》(高职)、《数学》、《语文》、《英语》、《计算机应用基础》、《AutoCAD》、《就业指导》(中职)等。今后几年内,其他公共课、专业基础课、专业主干/核心课、稀有特色课程教材的研发仍是我社工作的重点。

这套教材有以下特点：

1.体现国际最新职业教育理念，且具有鲜明的“本土特色”。

2.力求打破传统教材模式，采用模块式编写思路，以项目/任务驱动教学，贴近教学改革，凸现职教特色。

3.内容以“够用”为度，定位准确，难易适中；教师易教，学生易学。

4.重实操、轻理论，着力于应用型人才的培养。

本书在写作过程中，各参编学校的教师、专家与我们通力合作，在时间紧、任务重、要求高的情况下，耗费心血，不辞辛劳，保质保量地完成了书稿的编写任务。在此，向他们表示最诚挚的感谢。在出版过程中，我们虽竭尽全力，但限于时间和水平，难免在内容、形式以至编校质量上存在不足，这有赖于教学实践的检验。我们诚恳地希望广大师生提出宝贵意见，以便于修订再版。

信息反馈邮箱：1005205860@qq.com 或 suoxiaomei@lzu.edu.cn

兰州大学出版社

2008 年 7 月

前　言

本教材是配合模块化教学的模块系列教材之一，其主要特色是抛弃了传统教材的知识组织构架，采用了更适宜中等职业学校技能培养的知识组织模式，注重实用性，力求简明实用。本书采用六个大的项目串接所要掌握的知识，由表及里，由独立到综合，使学生在实战演练中尽快掌握知识。

AutoCAD 是美国 Autodesk 公司推出的集二维绘图、三维设计造型、渲染、二次开发等功能为一体的计算机辅助绘图软件包。目前已成为 CAD 系统中应用最为广泛和普及的图形软件。本教材以 AutoCAD 为基础，从线条、面、实体到装配的绘制及三维渲染的思路，按循序渐进的过程编写，目的性和实用性都比较强，有利于学生对知识的掌握和应用。

本书由甘肃省机械工业学校李宗义主编，并编写项目一、项目二、项目三。甘肃省机械工业学校武承文任副主编，并编写项目四、项目五。甘肃省机械工业学校焦太安编写项目六。华天微电子集团公司马云参与了项目四、项目五部分内容的编写工作，张掖职教中心辛志伟参与了项目一、项目二、项目三部分内容的编写工作。

本书由甘肃煤炭工业学校刘胜利任责任主审，并对书稿提出了宝贵意见，谨在此致以衷心的感谢。

由于时间仓促，加上编者水平有限，书中的错误和不足之处在所难免，望广大读者批评指正。恳请各教学单位和读者在使用本教材时给予关注，并将您的意见和建议及时反馈给我们。

所有意见和建议请联系我们，邮箱：gstswcw@163.com

作　者

2008 年 7 月

AutoCAD 模块化教程提纲

项目一　二维绘图基础

本项目主要介绍 AutoCAD 的各种绘图命令,包括直线、圆、圆弧、椭圆、矩形、多边形、构造线、多段线、样条曲线等绘图命令,以及面域与布尔操作和图层的设置。

项目二　二维绘图提高

本项目主要介绍 AutoCAD 的各种编辑命令,包括修剪、镜像、阵列、等分点、图案填充、圆角等,以及编辑命令在轴类零件、齿轮类零件、弹簧类零件的绘制中的综合运用。

项目三　高级二维绘图技巧

本项目主要介绍 AutoCAD 的三视图和轴测图的绘制思路和技巧。

项目四　尺寸、文字标注与表格

本项目主要介绍 AutoCAD 的文字与尺寸标注功能,以及各种辅助功能。文字功能包括输入和编辑文字、文字样式、文字标注;尺寸标注功能包括设置尺寸样式,尺寸标注、尺寸编辑、公差标注;辅助功能包括图块等;

项目五　三维造型

本项目主要介绍 AutoCAD 的三维设计功能,包括拉伸、旋转、阵列、剖切等功能。

项目六　AutoCAD 的二次开发

本项目主要通过介绍用两种流行的编辑语言编写的简单的"欢迎"程序,以及其加载和运行的方法来简述 AutoCAD 的二次开发。

目　　录

项目一　二维绘图基础

本项目主要介绍AutoCAD“绘图”菜单中的命令，绘制点、直线、圆、圆弧和多边形等简单二维图形。二维图形对象是整个AutoCAD的绘图基础，因此要熟练地掌握它们的绘制方法和技巧。

本项目侧重于功能讲解，讲解尽量详细。通过本章的学习，读者应掌握在AutoCAD中绘制二维图形对象的基本方法，绘制点对象，直线、射线和构造线，矩形和正多边形，以及圆、圆弧、椭圆和椭圆弧对象的绘制方法。

模块一　绘制直线

本模块实例主要讲解直线的功能。直线是图形中最常见、最简单的实体，直线段是由起点和终点来确定的，一次可以画一条线段，也可以连续画多条线段(其中每一条都彼此相互独立)。执行方式如下：

命令行：LINE

菜　单：【绘图】→【直线】

工具栏：【绘图】→【直线】

任务一　全面讲解　五角星绘制

任务分析

本任务通过五角星绘制，掌握精确绘图工具的使用方法，了解对象捕捉和极轴的设置与应用，最后使用修剪命令完成绘制五角星。

任务重点

绘制直线命令的运用、设置极轴增量角。

任务步骤

第1步　选取样板图

选择下拉菜单【文件】|【新建】选项,打开【创建新图形】对话框。

单击【使用样板】选项卡,选取【A3 国标样板图】,单击【确定】按钮。

第 2 步 设置极轴增量角

1)右击“极轴”按钮,单击“设置”选项。

2)打开“草图设置”对话框,单击“极轴追踪”选项卡,如图 1-1-1 所示。

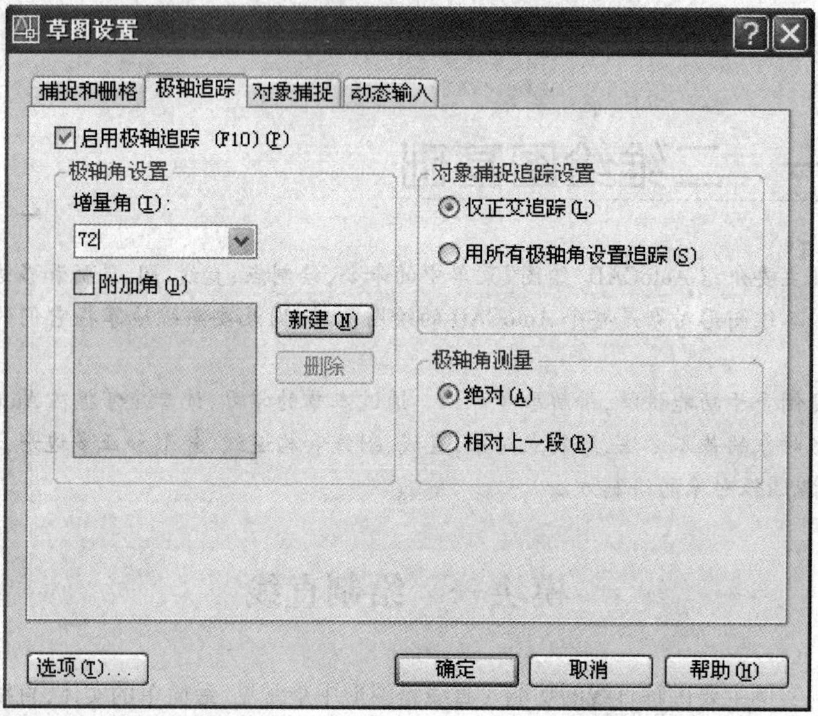

图 1-1-1

3)单击“启用极轴追踪”复选框,使其出现“√”。

4)在“增量角”下拉列表框中,输入 72。

5)单击“确定”按钮。

第 3 步 绘制五角星

1. 绘制直线

选择下拉菜单【绘图】→【直线】选项,

命令:_line 指定第一点: //任选单击一点

指定下一点或[放弃(U)]:200↙ //极轴角 72°

指定下一点或[放弃(U)]:200↙ //极轴角 288°

指定下一点或[闭合(C)/放弃(U)]:200↙ //极轴角 144°

指定下一点或[闭合(C)/放弃(U)]:200↙ //极轴角 0°

指定下一点或[闭合(C)/放弃(U)]:c↙ //闭合直线段

画第一条线如图 1-1-2 所示。

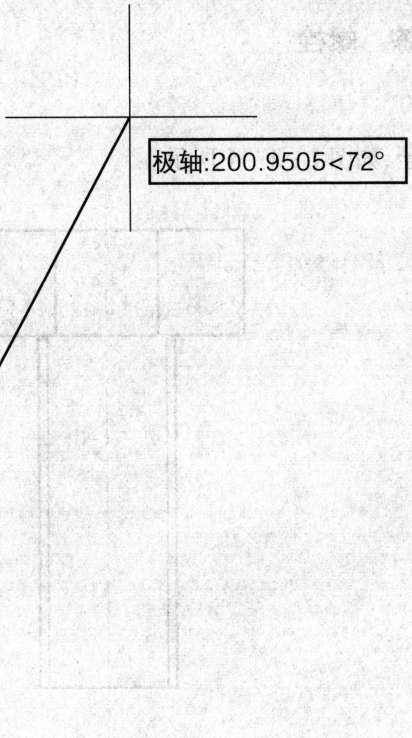

图 1－1－2

绘制完成的五角星如图 1－1－3 所示。

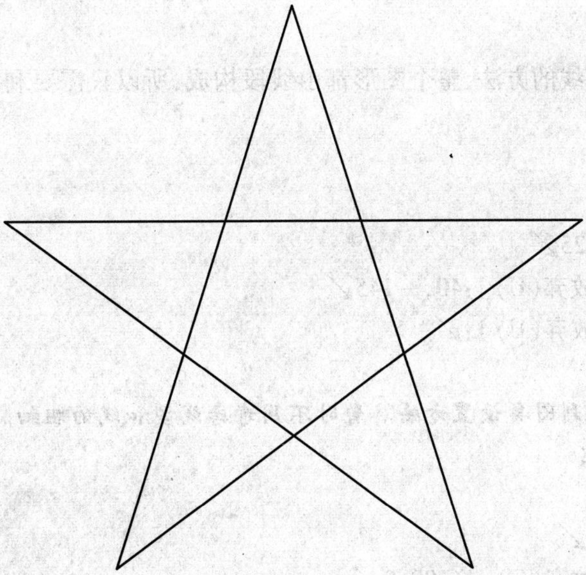

图 1－1－3

任务二　实战演练　螺栓

任务提示

本任务绘制螺栓，如图 1－1－4 所示。

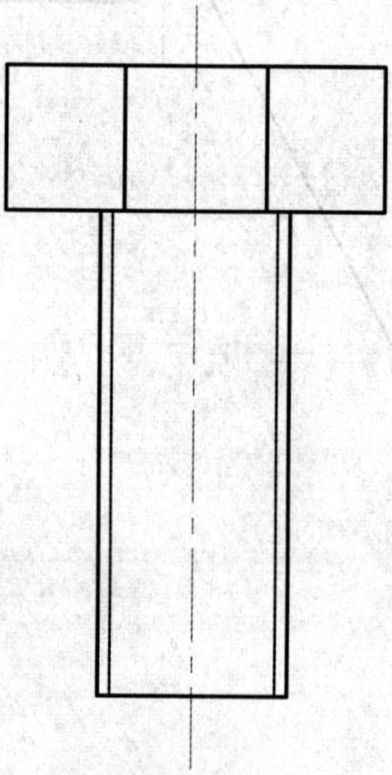

图 1－1－4

本任务主要用到了直线命令 LINE，由于各线段的线型相同。不必设置新的图层，直接绘制直线即可。

任务点拨

采用直接绘制直线的方法，整个图形都由线段构成，所以只需要利用 LINE 命令就能绘制该图形。

1. 绘制中心线

命令：LINE↙

指定第一点：40，25↙

指定下一点或〔放弃(U)〕：40，－145↙

指定下一点或〔放弃(U)〕：↙

注意：

本例没有讲到图层设置方法。暂时不用考虑线型和线的粗细。

2. 绘制螺帽轮廓

命令：LINE↙

指定第一点：0，0↙

指定下一点或〔放弃(U)〕：@80，0↙

指定下一点或〔放弃(U)〕：@0，－30↙

指定下一点或〔闭合(C)/放弃(U)〕：@80＜180↙

指定下一点或〔闭合(C)/放弃(U)〕:C↙

用同样的方法,利用 LINE 命令绘制另两条线段,端点分别为{(25,0),(@0, -30)}、{(55,0),(@0, -30)},如图 1-1-5 所示。

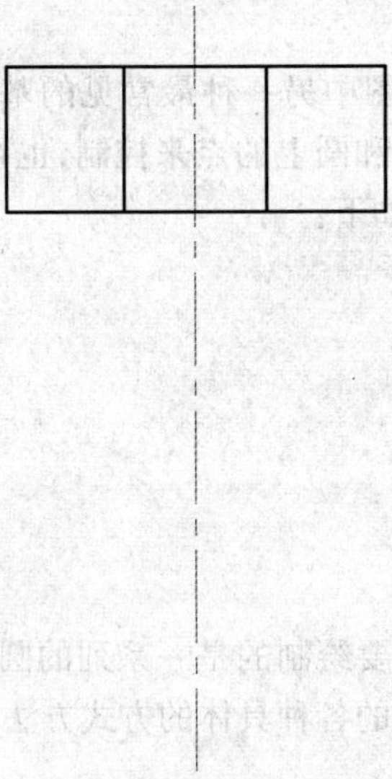

图 1-1-5

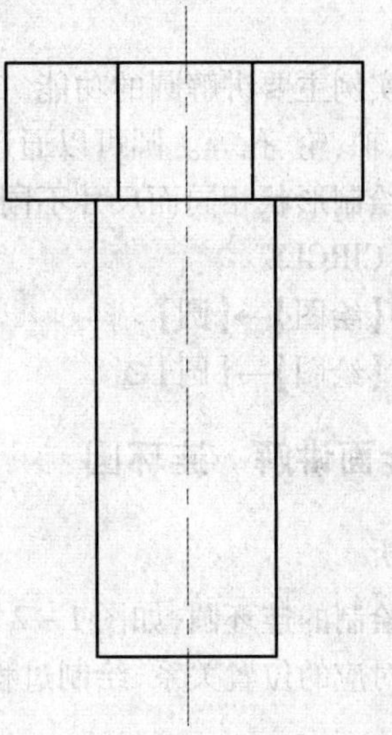

图 1-1-6

3. 绘制螺杆

命令:LINE↙

指定第一点:20, -30↙

指定下一点或〔放弃(U)〕:@0, -100↙

指定下一点或〔放弃(U)〕:@40,0↙

指定下一点或〔闭合(C)/放弃(U)〕:@0,100↙

指定下一点或〔闭合(C)/放弃(U)〕:↙

结果如图 1-1-6 所示。

4. 绘制螺纹

利用 LINE 命令绘制螺纹,端点分别为{(22.56, -30),(@0, -100)}、{(57.44, -30),(@0, -100)}。最终效果如图 1-1-4 所示。

任务三　举一反三　锥销

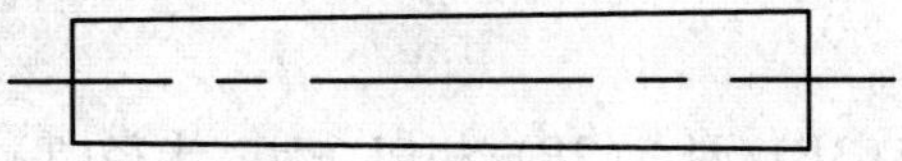

图 1-1-7

核心提示

利用角度坐标输入法确定斜线的角度。

模块二 圆的绘制

本模块实例主要讲解圆的功能。圆是机械工程绘图中另一种最常见的基本实体,可以用来表示柱、轴、轮、孔等。圆可以通过圆心、半径、直径和圆上的点来控制,也可以通过偏移命令 Offset,绘制形状相同而尺寸不同的圆。执行方式如下:

命令行:CIRCLE

菜　单:【绘图】→【圆】

工具栏:【绘图】→【圆】

任务一 全面讲解 连环圆

任务分析

本实例绘制的连环圆,如图 1-2-1 所示。本例需要绘制的是一系列的圆,这些圆之间又存在一些对应的位置关系,绘制过程中将用到绘制圆的各种具体的方式方法。

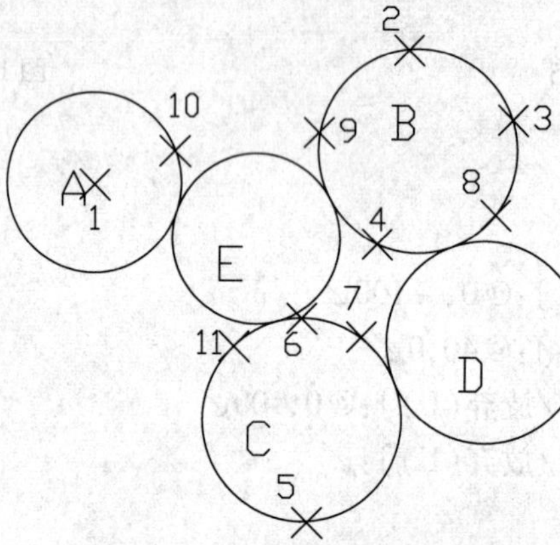

如图 1-2-1 连环圆

任务重点

圆的绘制方法与方式。

任务步骤

命令:CIRCLE↙

指定圆的圆心或〔三点(3P)/两点(2P)/相切、相切、半径(T)〕:150,160↙ //1 点

指定圆的半径或〔直径(D)〕:40↙ //画出 A 圆

命令:CIRCLE

指定圆的圆心或〔三点(3P)/两点(2P)/相切、相切、半径(T)〕:3P↙ //3 点画圆方式

指定圆上的第一点:300,220↙ //2 点

指定圆上的第二点:340,190↙ //3 点

指定圆上的第三点:290,130↙ //4 点,画出 B 圆
命令:CIRCLE↙
指定圆的圆心或〔三点(3P)/两点(2P)/相切、相切、半径(T)〕:2P↙ //2 点画圆方式
指定圆直径的第一个端点:250,10↙ //5 点
指定圆直径的第二个端点:240,100↙ //6 点,画出 C 圆
命令:CIRCLE↙
指定圆的圆心或〔三点(3P)/两点(2P)/相切、相切、半径(T)〕:T
//相切、相切、半径画圆方式
在对象上指定一点作圆的第一条切线: //在 7 点附近选中 C 圆
在对象上指定一点作圆的第二条切线: //在 8 点附近选中 B 圆
指定圆的半径:〈45.2769〉:45 //画出 D 圆
(选取下拉菜单"绘图/圆/相切、相切、相切")
命令:_circle
指定圆的圆心或〔三点(3P)/两点(2P)/相切\相切\半径(T)〕:_3P
指定圆上的第一点:_tan 到 //在 9 点附近选中 B 圆
指定圆上的第二点:_tan 到 //在 10 点附近选中 A 圆
指定圆上的第三点:_tan 到 //在 11 点附近选中 C 圆,画出 E 圆

任务二 实战演练 挡圈

任务提示

本例绘制挡圈,如图 1-2-2 所示。

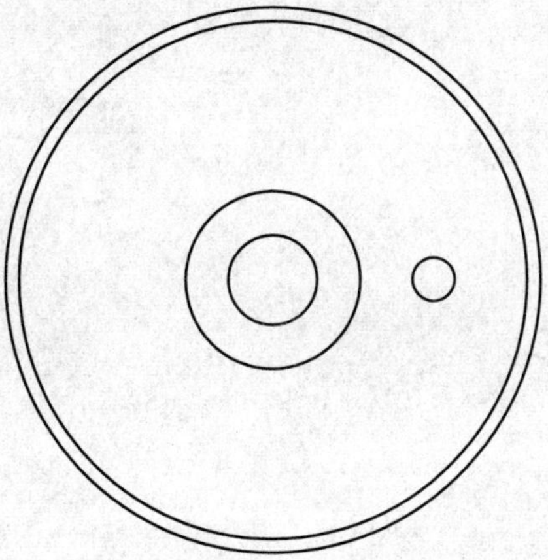

图 1-2-2 挡圈

本例主要用到了圆命令 CIRCLE 以及偏移命令 Offset。圆命令,用于创建挡圈外轮廓及定位孔。偏移命令,用于绘制形状相同而尺寸不同的对象。

任务点拨

步骤 1 绘制圆。结果如图 1-2-3 所示。

步骤2　绘制同心圆。结果如图1－2－4所示。

图1－2－3

图1－2－4

步骤3　重复画圆命令绘制圆。结果如图1－2－2所示。

任务三　举一反三　定距环

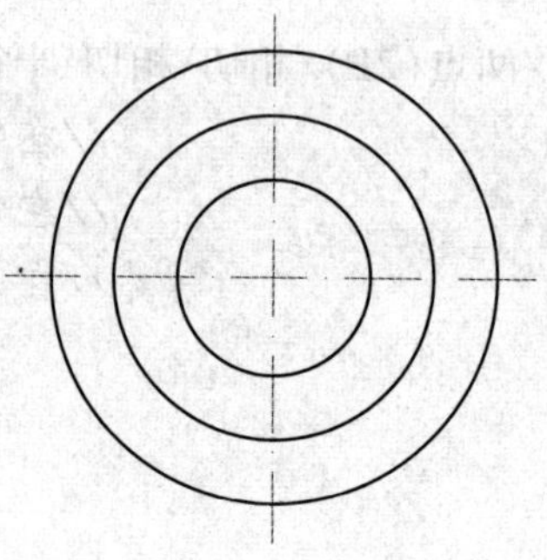

图1－2－5

模块三　圆弧绘制

本模块实例主要讲解圆弧功能。圆弧是图形中重要的实体，AutoCAD 提供了多种不同的绘图方式。这些方式是根据起点、方向、中点、包角、终点、弦长等控制点来确定的。执行方式如下：

· 命令行：ARC

· 菜　单：【绘图】→【圆弧】

· 工具栏：【绘图】→【圆弧】

任务一　全面讲解　脸谱

任务分析

本任务实例绘制的脸谱，如图 1－3－1 所示。本例所绘图案完全由圆弧构成，因此可以利用绘制圆弧命令来完成图形的绘制。

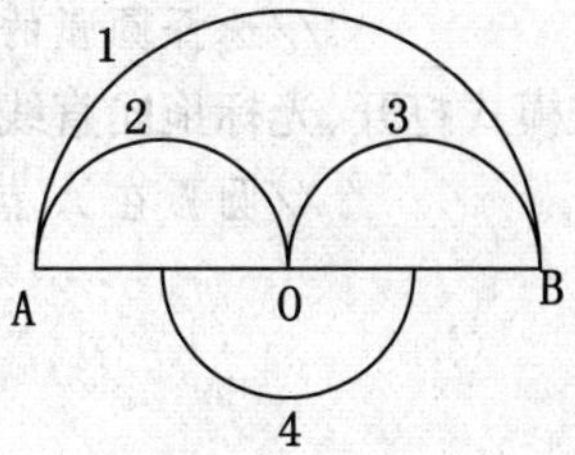

图 1－3－1

任务重点

圆弧绘制的各种方法与技巧。

任务步骤

1. 设置绘图环境

用 LIMITS 命令设置图幅：297 ×210

命令：limits↙

重新设置模型空间界限：↙

指定左下角点或〔开(ON)/(OFF)〕<0.0000,0.0000>：↙

指定右上角点 <420.0000,297.0000>：297,210↙

2. 绘图

①绘制直线 AB

②绘制圆弧 1

输入绘制圆弧命令。

AutoCAD 提示：

命令:_arc 指定圆弧的起点或[圆心(C)]:<对象捕捉开>捕捉直线上点 A。

//A 作为圆弧起点。

指定圆弧的第二个点或[圆心(C)/端点(E)]:C //第二点未知,选择圆心(C)。

指定圆弧的圆心:捕捉直线上点 AB 的中点 O。 //O 为圆弧 1 的圆心。

指定圆弧的端点或[角度(A)/弦长(L)]:A //选择角度 A。

指定包含角:-180 //圆弧为顺时针绘制,包含角取负值

③绘制圆弧 2

输入绘制圆弧命令。

AutoCAD 提示:

命令:_arc 指定圆弧的起点或[圆心(C)]:捕捉直线上点 A。

//A 作为圆弧起点。

指定圆弧的第二个点或[圆心(C)/端点(E)]:E

//第二点未知,选择端点(E)。

指定圆弧的端点:捕捉直线 AB 中点 O //O 为圆弧 2 的端点。

指定圆弧的圆心或[角度(A)/方向(D)/半径(R)]:D

//选择圆弧的方向(D)

指定圆弧的起点切向:将正交模式打开,光标拖向直线 AB 的上方,单击鼠标左键。

//圆弧在 A 点的切线方向垂直 AB,方向向上。

④绘制圆弧 3

输入绘制圆弧命令。

AutoCAD 提示:

命令:_arc 指定圆弧的起点或[圆心(C)]:捕捉直线上点 B。

//B 作为圆弧起点。

指定圆弧的第二个点或[圆心(C)/端点(E)]:E

//第二点未知,选择端点(E)。

指定圆弧的端点:捕捉直线 AB 的中点 O。 //O 为圆弧 3 的端点。

指定圆弧的圆心或[角度(A)/方向(D)/半径(R)]:A

//选择角度 A。

指定包含角:180 //圆弧为逆时针绘制,包含角取正值。

⑤绘制圆弧 4

输入绘制圆弧命令。

AutoCAD 提示:

命令:_arc 指定圆弧的起点或[圆心(C)]:C //选择圆弧的圆心。

指定圆弧的圆心:捕捉 AB 直线的中点 O。 //O 为圆弧 4 的圆心。

指定圆弧的起点:捕捉圆弧 2 的圆心。 //圆弧 2 的圆心为圆弧 4 的起点。

指定圆弧的端点或[角度(A)/弦长(L)]:捕捉圆弧 2 的圆心。

//圆弧 2 的圆心为圆弧 4 的端点。

任务二　实战演练　圆头平键

任务提示

本例绘制圆头平键,如图 1 –3 –2 所示。

图 1 –3 –2

本例主要用到了直线命令 Line,偏移命令 Offset,以及圆弧命令 Arc。直线命令,用于创建平行轮廓线。圆弧命令,用于创建圆头结构。偏移命令,用于创建内轮廓。

任务点拨

步骤 1　绘制直线。结果如图 1 –3 –3 所示。

步骤 2　绘制圆弧。结果如图 1 –3 –4 所示。

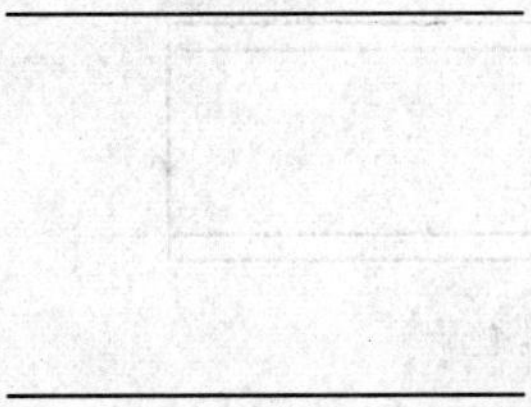

图 1 –3 –3

图 1 –3 –4

步骤 3　偏移处理,结果如图 1 –3 –2 所示。

任务三　举一反三　销

图 1 –3 –5

核心提示

· 直线的绘制
· 圆弧的绘制

模块四　矩形与构造线绘制

本模块实例主要讲解矩形和构造线的绘制。AutoCAD 提供绘制矩形的命令是 RECTANGLE,启动该命令后需先后确定矩形的两个对角点便可绘出。执行方式如下:

命令行:RECTANGLE

菜　单:【绘图】→【矩形】

工具栏:【绘图】→【矩形】□

任务一　全面讲解　方头平键

任务分析

本实例绘制的方头平键,如图 1-4-1 所示。整个图形都由线段和矩形构成,所以需要利用 LINE 命令和 RECTANGLE 命令。三视图的位置要通过构造线命令 XLINE 来确定。

图 1-4-1

任务重点

矩形、构造线等命令的使用。

任务步骤

1. 设置绘图环境

用 LIMITS 命令设置图幅:297×210

2. 绘制主视图

命令:RECTANG↙

指定第一个角点或〔倒角(C)/标高(E)/圆角(F)/厚度(T)/宽度(W)〕:0,30↙

指定另一个角点或〔面积(A)/尺寸(D)/旋转(R)〕:@100,11↙

调用直线命令,绘制端点为{(0,32),(@100,0)}和{(0,39),(@100,0)}的直线。结果如图 1-4-2 所示。

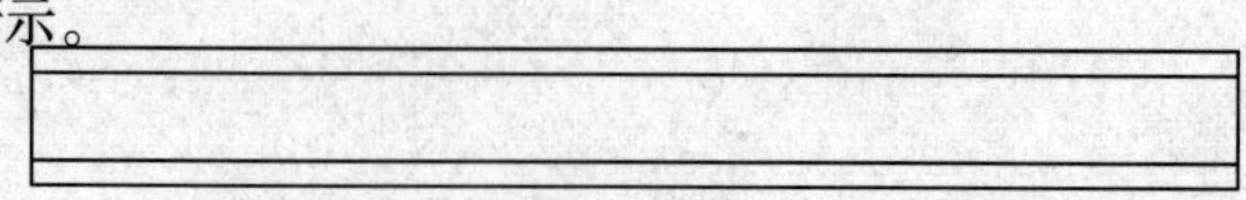

图 1-4-2

3. 绘制俯视图构造线

命令:XLINE↙

指定点或〔水平(H)/垂直(V)/角度(A)/二等分(B)/偏移(O)〕:

　　　　　　　　　　　　//指定主视图左边竖线上一点

指定通过点:　　　　　　//指定竖直位置上一点

指定通过点:↙

用同样的方法绘制右边竖直构造线,结果如图 1-4-3 所示。

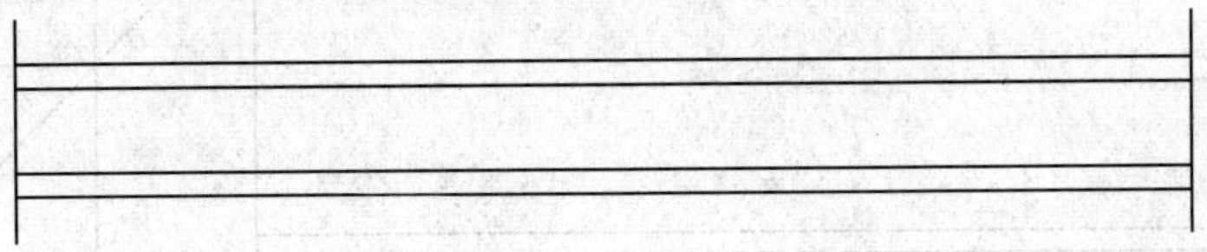

图 1-4-3

4. 绘制俯视图

命令:RECTANG↙

指定第一个角点或〔倒角(C)/标高(E)/圆角(F)/厚度(T)/宽度(W)〕:

　　　　　　　　　　　　//指定左边构造线上一点

指定另一个角点或〔面积(A)/尺寸(D)/旋转(R)〕:@100,18↙

然后过端点{(0,2),(@100,0)}和{(0,16),(@100,0)}绘制直线。结果如图 1-4-4 所示。

图 1-4-4

5. 绘制左视图构造线

命令:XLINE

指定点或〔水平(H)/垂直(V)/角度(A)/二等分(B)/偏移(O)〕:H↙

指定通过点:　　　　　　//指定主视图上右上端点

指定通过点:　　　　　　//指定主视图上右下端点

指定通过点:　　　　　　//捕捉俯视图上右上端点

指定通过点:　　　　　　//捕捉俯视图上右下端点

指定通过点:↙

命令:↙　　　　　　　　//回车表示重复绘制构造线命令

指定点或〔水平(H)/垂直(V)/角度(A)/二等分(B)/偏移(O)〕:A↙

输入构造线的角度(0)或〔参照(R)〕:-45↙

指定通过点: //任意指定一点

指定通过点:↙

用同样的方法绘制竖直构造线,结果如图1-4-5所示。

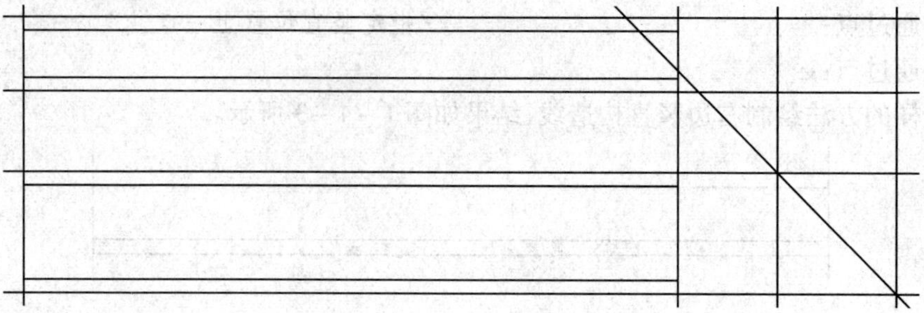

图1-4-5

6. 绘制左视图

命令:RECTANG↙

指定第一个角点或〔倒角(C)/标高(E)/圆角(F)/厚度(T)/宽度(W)〕:C↙

指定矩形的第一个倒角距离〈0.0000〉: //指定主视图上右上端点

指定第二点: //指定主视图上右上第二个端点

指定矩形的第二个倒角距离〈2.0000〉↙

指定第一个角点或[倒角(C)/标高(E)/圆角(F)/厚度(T)/宽度(W)]:

//按构造线确定位置指定角点

指定另一个角点或[面积(A)尺寸/(D)/旋转(R)]:

//按构造线确定位置指定另一个角点

结果如图1-4-6所示。

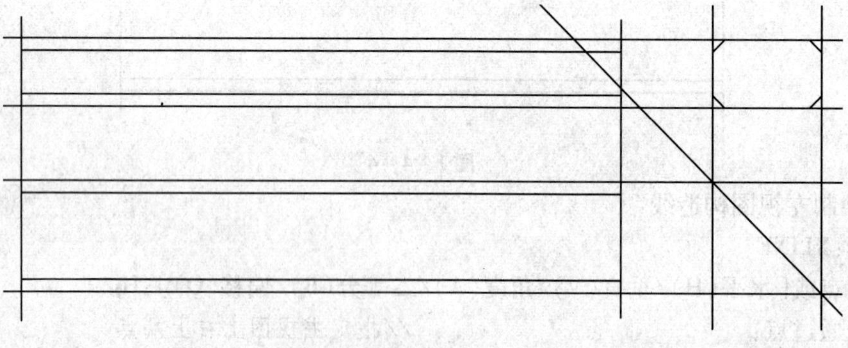

图1-4-6

任务二 实战演练 垫块三视图

任务提示

本例绘制垫块,如图1-4-7所示。

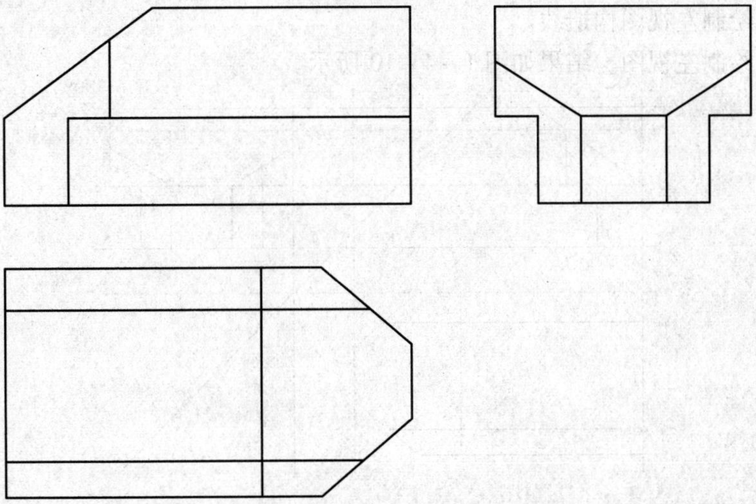

图1-4-7

本例主要用到了矩形命令 Rectang 和构造线 Xline。矩形命令,用于创建平行轮廓线;构造线圆弧命令,用于确定三视图的位置。

任务点拨

步骤1 利用矩形命令和直线命令绘制主视图。结果如图1-4-8所示。

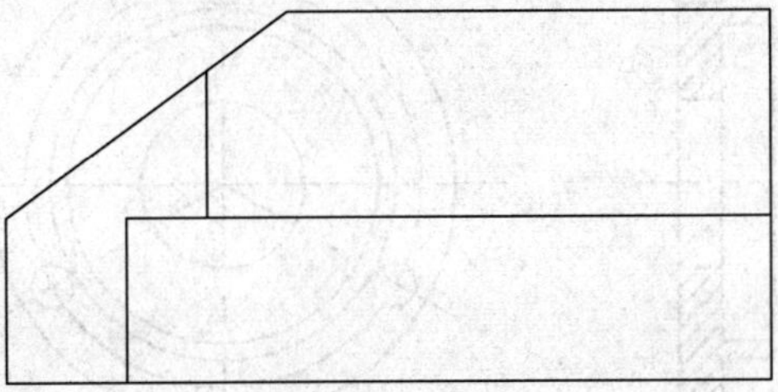

图1-4-8

步骤2 绘制俯视图构造线。

步骤3 绘制俯视图。结果如图1-4-9所示

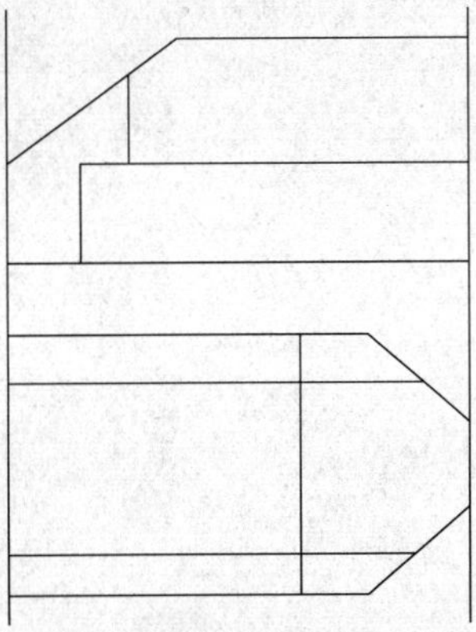

图1-4-9

步骤4　绘制左视图构造线。

步骤5　绘制左视图。结果如图1－4－10所示。

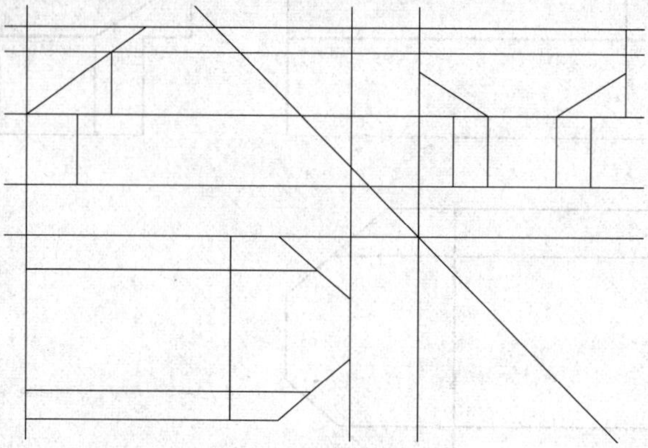

图1－4－10

步骤6　删除构造线。结果如图1－4－7所示。

任务三　举一反三　盘盖

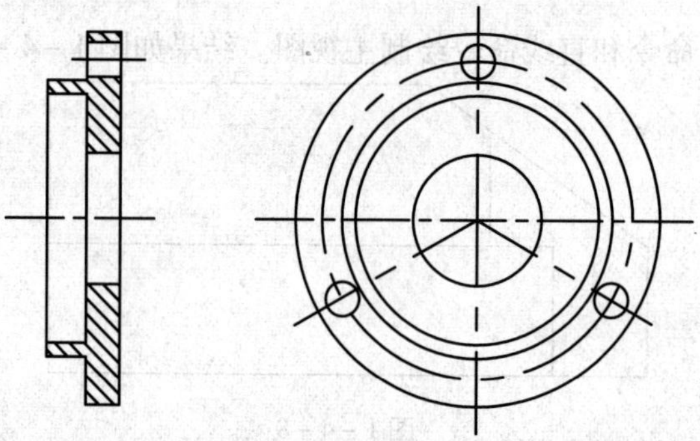

图1－4－11

核心提示

矩形的绘制

构造线的绘制

模块五 多边形的绘制

本模块实例主要讲解多边形的绘制。多边形是由多条(三条及三条以上)线段组成的封闭图形。执行方式如下:

命令行:POLYGON

菜 单:【绘图】→【正多边形】

工具栏:【绘图】→【正多边形】

任务一 全面讲解 多边形绘制

任务分析

本任务绘制的多边形复合图,如图 1-5-1 所示,绘制过程中要用到圆、三角形、矩形和正多边形等命令。

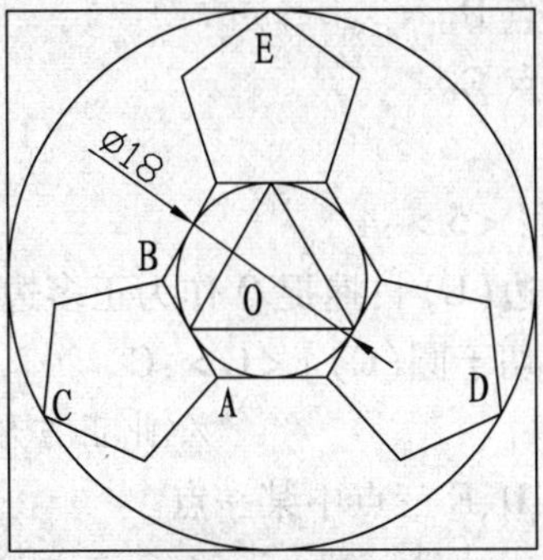

图 1-5-1

任务重点

圆、三角形、矩形和正多边形等命令的运用。

任务步骤

1. 绘制直径为 18 的圆。

2. 绘制圆内接正三角形。

命令:_polygon 输入边的数目 <4>:3

指定正多边形的中心点或[边(E)]:捕捉圆心 O 点。

//圆心 O 即为正三角形的中心。

输入选项[内接于圆(I)/外切于圆(C)] <I>:I

//此正三角形内接于圆。

指定圆的半径:9

3. 绘制圆外切正六边形。

命令:_polygon 输入边的数目 <3>:6

指定正多边形的中心点或[边(E)]:捕捉圆心 O 点。

输入选项[内接于圆(I)/外切于圆(C)] <I>:C

//此六边形外切于圆。

指定圆的半径:9

4. 绘制指定边长的正五边形。

命令:_polygon 输入边的数目 <6>:5

指定正多边形的中心点或[边(E)]:E

指定边的第一个端点:捕捉正六边形上点 A。

指定边的第二个端点:捕捉正六边形上点 B。

同理绘制出另外两个正五边形。

5. 绘制过 C、D、E 三点的圆。

命令:_circle 指定圆的圆心或[三点(3P)/两点(2P)/相切、相切、半径(T)]:3P

//过三点画圆

指定圆上的第一个点:捕捉点 C。

指定圆上的第二个点:捕捉点 D。

指定圆上的第三个点:捕捉点 E。

6. 绘制圆的外切正方形

命令:_polygon 输入边的数目 <5>:4

指定正多边形的中心点或[边(E)]:捕捉 O 作为正多边形的中心。

输入选项[内接于圆(I)/外切于圆(C)] <C>:C

//此正方形外切于圆

指定圆的半径:捕捉圆上 C、D、E 三点中某一点。

//O 点与该点的连线即为此圆的半径

提示、技巧

1. 当已知边长绘制正多边形时,在提示下输入一条边的两个端点,将按逆时针方向画出正多边形。

2. 如果已知正多边形中心与每条边(内接)端点之间的距离,则可以指定其半径。

3. 如果已知正多边形中心与每条边(外切)端点之间的距离,则指定其半径。

4. 当所绘制的正多边形是水平放置时,可直接输入内接或外切多边形的半径;当所绘制的正多边形是水平放置时,则控制点的确定以相对极坐标确定比较方便。

5. 绘制的正多边形是一多段线,编辑时是一个整体,可以通过分解命令使之分解成单个的线段。

任务二 实战演练 螺母

任务提示

本任务教大家绘制螺母,如图 1-5-2 所示。由于本任务实例中有三种不同的线型,所以需要设置图层来管理线型。整个图形都是由圆和多边形构成,所以需要利用 CIRCLE 命令和 POLYGON 命令。

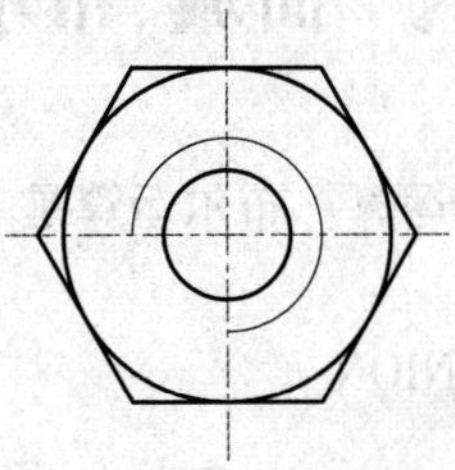

图 1－5－2

任务点拨

步骤 1　设置图层。

步骤 2　利用 POLYGON 命令绘制多边形。

步骤 3　利用 CIRCLE 命令绘制圆。结果如图 1－5－2 所示。

任务三　举一反三　螺栓

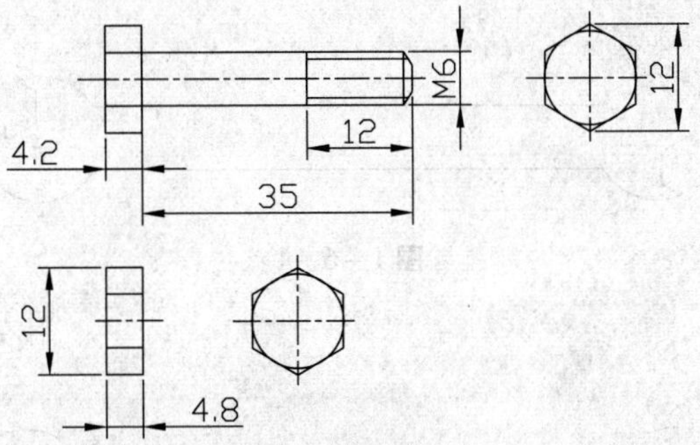

图 1－5－3

核心提示

绘制图

绘制正多边形

模块六 面域、布尔运算

本模块实例主要讲解面域、布尔运算。布尔运算是对面域进行求并集、求差集和求交集的运算。执行方式如下：

命令行:REGION、SUBTRACT、UNION

菜　单:【绘图】→【面域】

【修改】→【实体编辑】→【并集】、【差集】、【交集】

工具栏:【绘图】→【面域】

【修改】→【实体编辑】→【并集】→【差集】→【交集】

任务一 全面讲解 扳手

任务分析

本任务绘制的扳手,如图 1-6-1 所示。主要用到了圆、正六边形、矩形、面域以及布尔运算等命令。

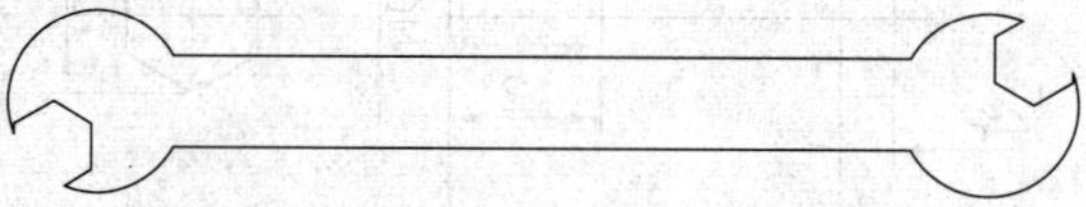

图 1-6-1

任务知识

面域及布尔运算。

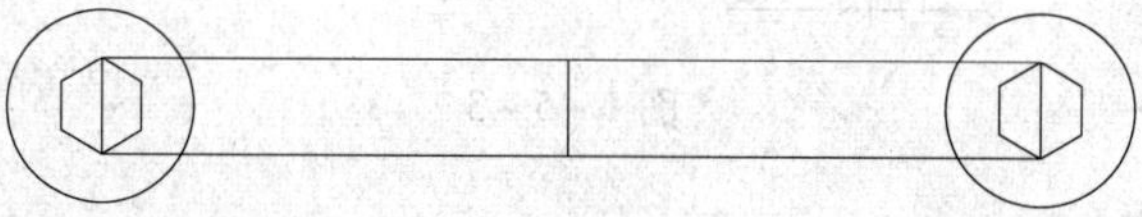

图 1-6-2

任务步骤

1. 设置绘图环境

用 LIMITS 命令设置图幅:297×210。

2. 绘制矩形、圆、及正六边形

用矩形命令绘制以(50,50)和(100,40)为角点的矩形;以(50,45)为圆心,绘制半径为 10 的圆;再以(50,45)为圆心,绘制正六边形。同理绘制右侧部分。结果如图 1-6-2。

3. 创建面域对象并求并集

命令:REGION↙

选择对象:指定对角点:找到 6 个↙　　　　//用鼠标选中六个对象

选择对象:↙

已提取 6 个环。

已创建6个面域。
命令:UNION↙
选择对象:找到1个　　//用鼠标选中左边的圆
选择对象:找到1个,总计2个　　//用鼠标选中左边的矩形
选择对象:找到1个,总计3个　　//用鼠标选中右边的圆
选择对象:找到1个,总计4个　　//用鼠标选中右边的矩形
选择对象:↙
结果如图1-6-3。

图1-6-3

4. 移动

步骤1　移动右侧六边形区域。
命令:move↙
选择对象:找到1个　　//用鼠标选中右侧的正六边形
选择对象:↙
指定基点或[位移(D)]<位移>:150,55↙
指定第二个点或<使用第一个点作为位移>:@5,5↙
步骤2　重复上述命令移动左边的六边形,结果如图1-6-4。

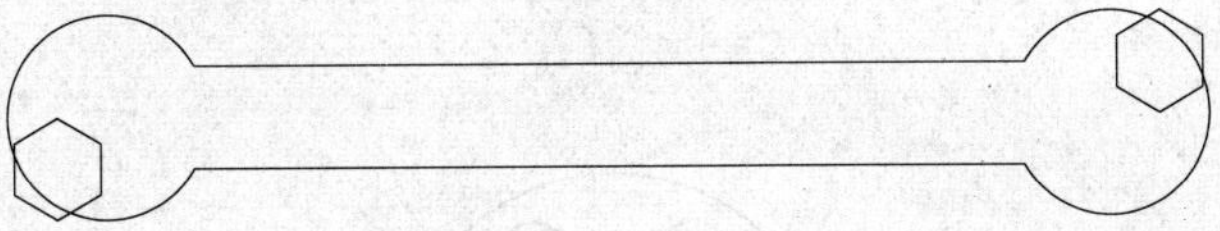

图1-6-4

5. 差集

命令:subtract↙
选择要从中减去的实体或面域...
选择对象:找到1个
选择对象:↙
选择要减去的实体或面域...
选择对象:找到1个　　//用鼠标选中右侧的正六边形
选择对象:找到1个,总计2个　　//用鼠标选中左侧的正六边形
结果如图1-6-1。

任务二 实战演练 端盖

任务提示

本任务教大家绘制端盖,如图1-6-5所示。

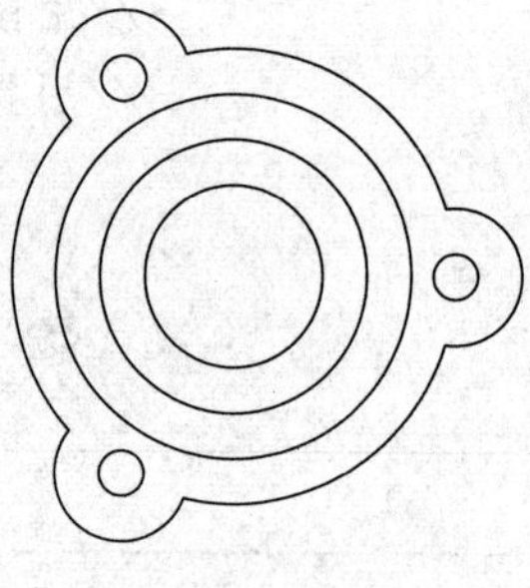

图1-6-5

本例主要用到了圆、面域、布尔运算等命令。

任务点拨

步骤1 绘制半径为40、60、80、100的同心圆。

步骤2 分别绘制半径为10和30的同心圆。结果如图1-6-6所示。

步骤3 并集运算,结果如图1-6-5所示。

任务三 举一反三 通用零件

核心提示

创建面域

布尔运算

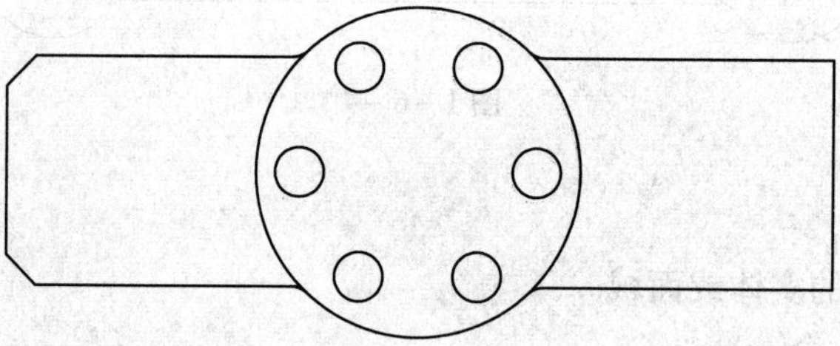

图1-6-6

模块七　设置图层

本模块实例主要讲解设置图层。图层是用户用来组织自己的图形的最有效的工具之一。通过将不同性质的对象放置在不同的层上,用户就可以实现对相同性质的对象进行控制。执行方式如下:

命令行:LAYER

菜　单:【格式】→【图层】

【格式】→【图层】

工具栏:【格式】→【图层】

任务一　全面讲解　工字钢

任务分析

本任务绘制工字钢的主视图和左视图,如图 1－7－1 所示。对中心线、工件可见轮廓、隐藏轮廓分别采用不同的颜色、线型和线宽。

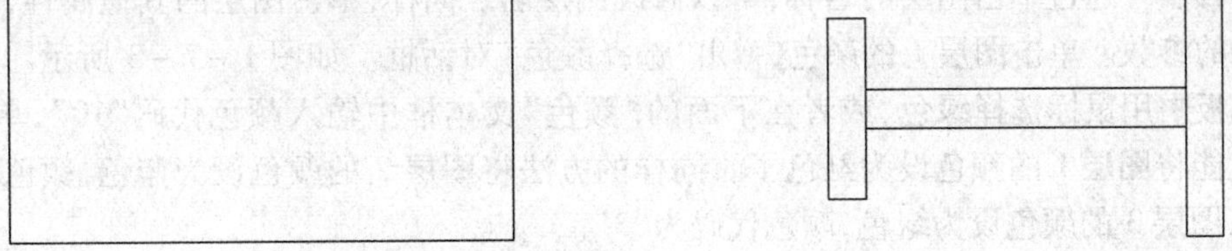

图 1－7－1

任务重点

如何新建图层、设置图层颜色、设置图层线型和随时改变图层。

任务步骤

1. 设置绘图环境

第一步　用 LIMITS 命令设置图幅:297×210。

第二步　单击图层工具栏命令图标创建图层。系统打开“图层特性管理器”。当然也可以用命令 LAYER 或[格式]|[图层]命令来打开“图层特性管理器”。如图 1－7－2 所示。

第三步　单击左上角第四个“新建图层”铵钮,就会新增一个图层,输入图层名称,按下回车就完成新图层的建立了。同理再建立两个新图层。若需要改名,可以单击该图层的名称,就能重新输入图层名了。

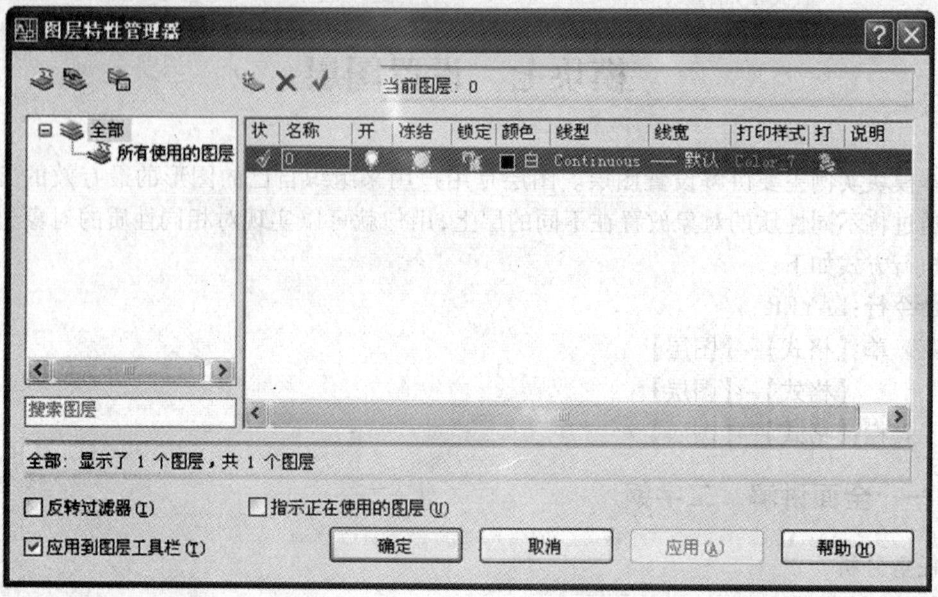

图 1－7－2

第四步　通过单击图层的名称，可以修改图层名。同样，单击图层的其他属性，也能修改图层的参数。单击图层 1 的颜色，弹出"选择颜色"对话框。如图 1－7－3 所示。在上方的调色板中用鼠标选择绿色，或者在下面的"颜色"文本框中输入颜色代码"10"，单击"确定"，就能将图层 1 的颜色设为红色了。同样的方法将图层 2 的颜色设为蓝色，颜色代码为"170"，图层 3 的颜色设为绿色，颜色代码为"3"。

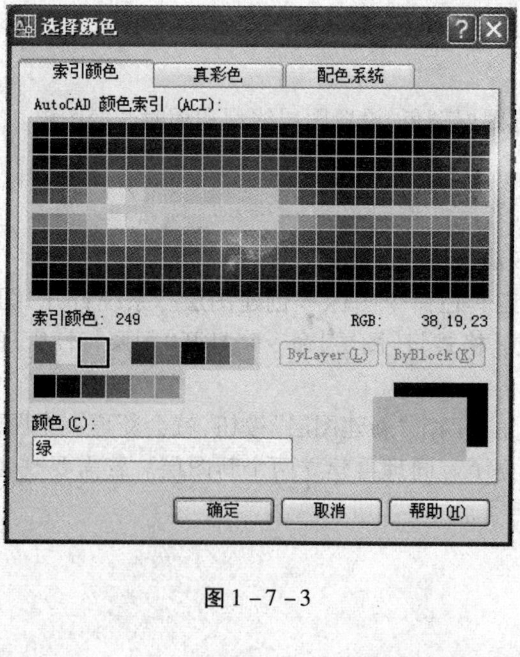

图 1－7－3

第五步　单击图层1的线型参数，打开“选择线型”对话框，如图1－7－4所示。可以看到，在“线型”列表里只有一种Continuous，即Solidline（实线）。单击“加载”，打开“加载或重载线型”对话框，如图1－7－5所示。

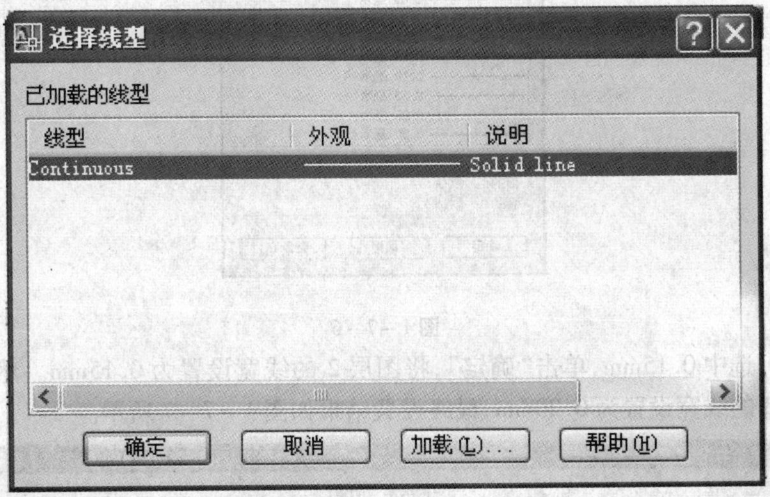

图1－7－4

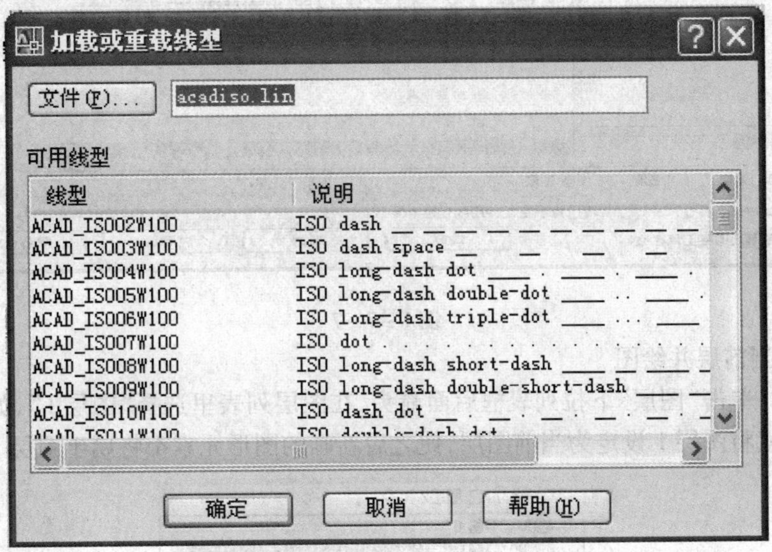

图1－7－5

第六步　选中ACD_ISO05W100，单击“确定”，就将该点划线线型加载了。在“选择线型”对话可以看到该线型。选中它后单击“确定”，将图层1的线型设置为点划线。用相同的办法加载线型ACD_ISO02W100，即虚线，将图层3的线型设置为该虚线。单击图层2的线宽参数，弹出“线宽”对话框，如图1－7－6所示。

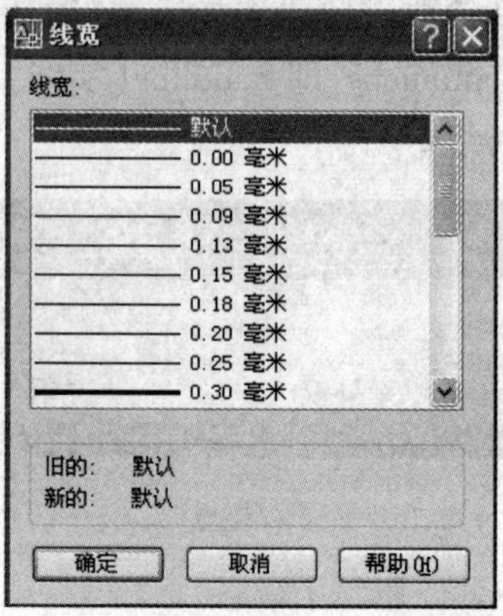

图1-7-6

第七步 选中0.15mm,单击“确定”,将图层2的线宽设置为0.15mm。然后用相同的方法将图层3的线宽设置为0.20mm,最终设置结果如图1-7-7所示。

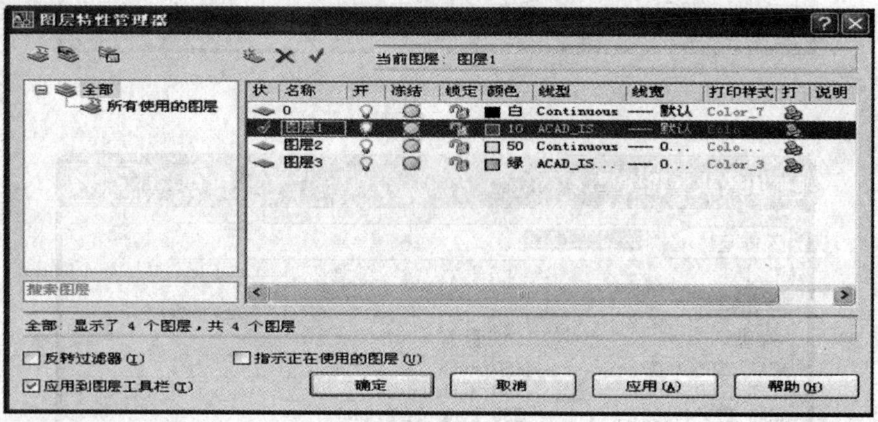

图1-7-7

2. 设置当前层并绘图

第一步 单击“图层”下拉列表框后面箭头,在图层列表里选择“图层1”,如图1-7-8所示,这样,就将图层1设定为当前图层,使之后新画的图形元素都将属于图层1。

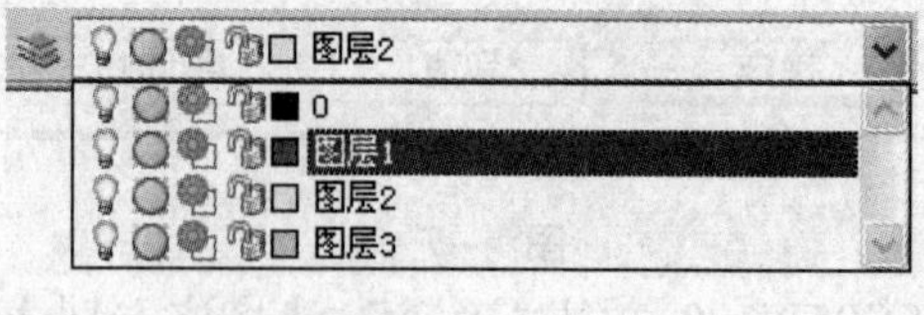

图1-7-8

第二步 使用“直线”命令画出中心线。

命令:_line↙

命令:_line 指定第一点:200,500↙

指定下一点或[放弃(U)]:1600,500↙

指定下一点或[放弃(U)]:↙
命令:_line↙
命令:_line 指定第一点:500,800↙
指定下一点或[放弃(U)]:500,200↙
指定下一点或[放弃(U)]:↙
命令:_line↙
命令:_line 指定第一点:1250,800↙
指定下一点或[放弃(U)]:1250,200↙
指定下一点或[放弃(U)]:↙
结果如图 1-7-9 所示。

图 1-7-9

第三步　由图 1-7-9 可以看出,画出的中心线均为红色的点划线,这与图层 1 的参数是相符的。将图层 2 设置为当前图层,利用"矩形"和"直线"命令画出两视图的可见部分。

命令:_rectang↙
指定第一个角点或[倒角(C)/标高(E)/圆角(F)/厚度(T)/宽度(W)]:300,600↙
指定另一个角点或[面积(A)/尺寸(D)/旋转(R)]:700,400↙
命令:_rectang↙
指定第一个角点或[倒角(C)/标高(E)/圆角(F)/厚度(T)/宽度(W)]:1235,600↙
指定另一个角点或[面积(A)/尺寸(D)/旋转(R)]:1265,400↙
命令:_rectang↙
指定第一个角点或[倒角(C)/标高(E)/圆角(F)/厚度(T)/宽度(W)]:950,570↙
指定另一个角点或[面积(A)/尺寸(D)/旋转(R)]:980,430↙
命令:_line↙
命令:_line 指定第一点:980,515↙
指定下一点或[放弃(U)]:1235,515
指定下一点或[放弃(U)]:↙
命令:_line↙
命令:_line 指定第一点:980,485↙
指定下一点或[放弃(U)]:1235,485↙
指定下一点或[放弃(U)]:↙

结果如图 1-7-10 所示。

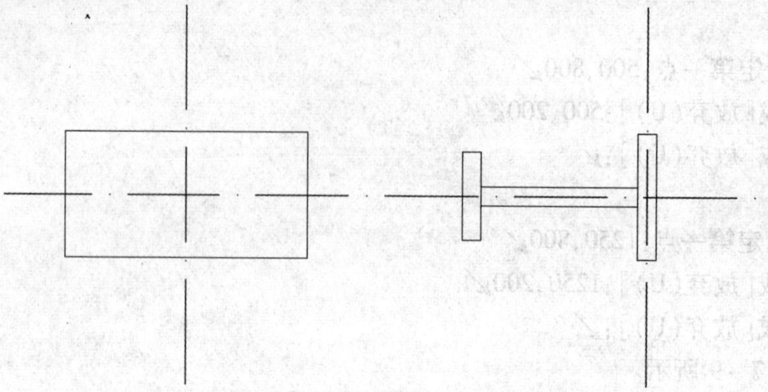

图 1-7-10

第四步 将图层 3 设置为当前图层,用"直线"命令画出主视图中工件的不可见部分轮廓。

命令:_line↙

命令:_line 指定第一点:980,515↙

指定下一点或[放弃(U)]:1235,515↙

指定下一点或[放弃(U)]:↙

命令:_line↙

命令:_line 指定第一点:980,485↙

指定下一点或[放弃(U)]:1235,485↙

指定下一点或[放弃(U)]:↙

命令:_line↙

命令:_line 指定第一点:300,570↙

指定下一点或[放弃(U)]:700,570↙

指定下一点或[放弃(U)]:↙

命令:_line↙

命令:_line 指定第一点:300,515↙

指定下一点或[放弃(U)]:700,515↙

指定下一点或[放弃(U)]:↙

命令:_line↙

命令:_line 指定第一点:300,485↙

指定下一点或[放弃(U)]:700,485↙

指定下一点或[放弃(U)]:↙

命令:_line↙

命令:_line 指定第一点:300,430↙

指定下一点或[放弃(U)]:700,430↙

指定下一点或[放弃(U)]:↙

结果如图 1－7－11 所示。

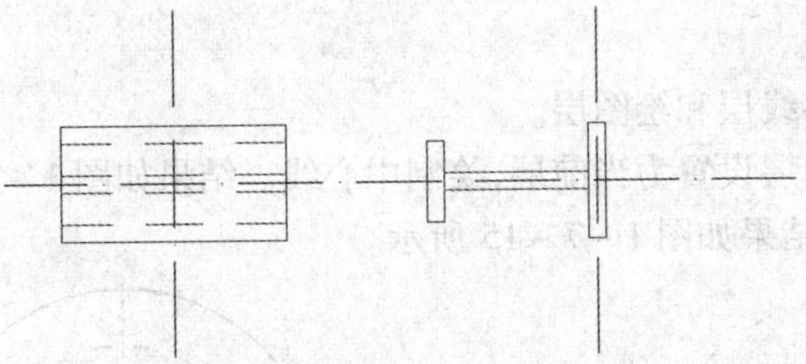

图 1－7－11

3. 隐藏图层

由于特殊需要，有时要隐藏图层，即使某图层上的图形不可见，为此要关闭该图层。例如可以将不可见轮廓所在的图层 3 关闭。关闭图层的方法是打开“图层下拉列表框”，单击图层 3 最左边的“开/关图层”按钮，就能关闭图层 3，使得图层 3 上的图形隐藏起来。如图 1－7－12 所示。

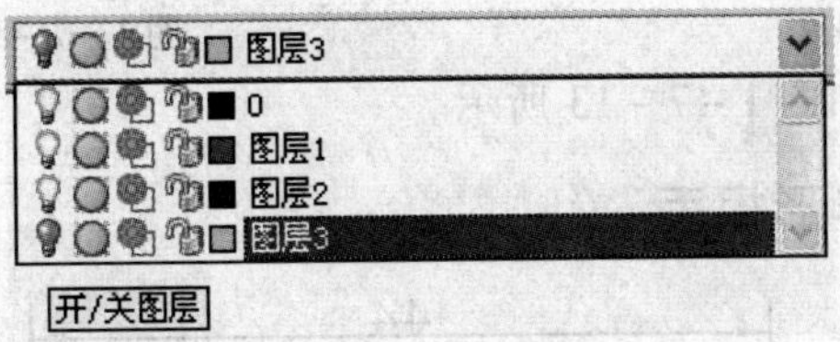

图 1－7－12

任务二　实战演练　密封圈

任务提示

本任务教大家绘制密封圈，如图 1－7－13 所示。

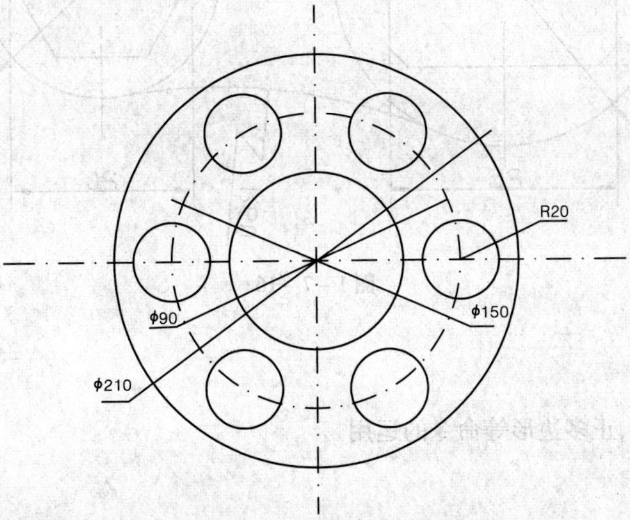

图 1－7－13

本例主要用到了圆、直线、阵列等命令。

任务点拨

第 1 步 设置中心线层和绘图层。

第 2 步 将中心线层设置为当前层,绘制中心线。结果如图 1－7－14 所示。

第 3 步 绘制圆,结果如图 1－7－15 所示。

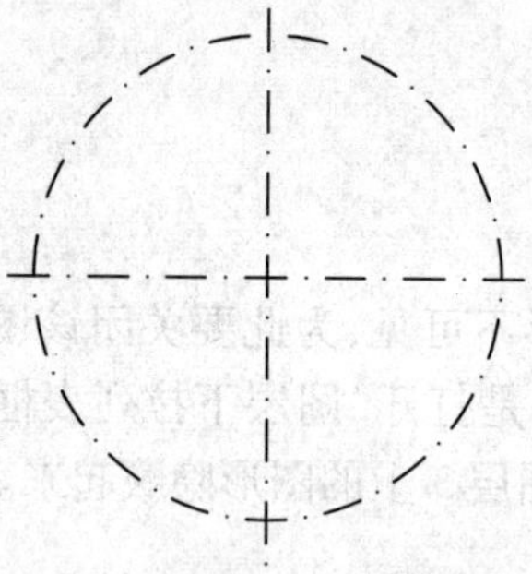

图 1－7－14

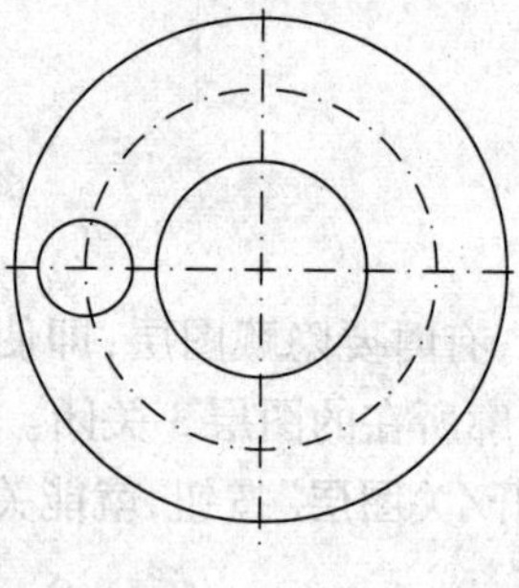

图 1－7－15

第 4 步 阵列,结果如图 1－7－13 所示。

任务三 举一反三 异形扳手

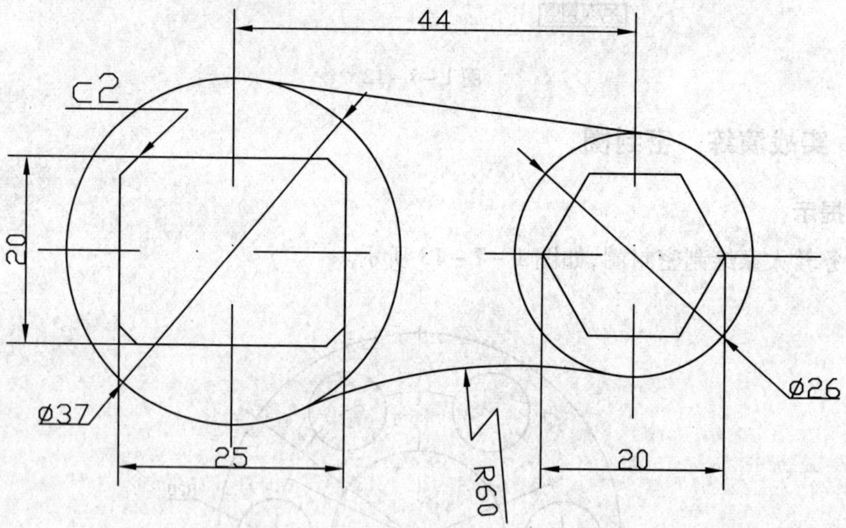

图 1－7－16

核心提示

设置图层

直线、圆、倒角、正多边形等命令的运用

小提示

1. 新建图层的名称可以是中文,也可以是英文。使用中文图层名称,符合国人的习惯;

而使用英文名称，则更有利于 AutoCAD 其它图形之间的转换和实现图形共享。

2. 在"选择颜色"对话框中，不仅可以在"索引颜色"选项卡中挑选颜色，也可以在"真彩色"和"配色系统"选项卡中选择需要的颜色。

3. 即使更换了线宽，在 AutoCAD 中的绘制过程中并不能体现出来。只有在预览或打印输出时，才能看出线宽效果。或者按下"状态栏"上的"线宽"按钮才能显示。

4. 💡/💡（开/关图层）：被关闭的图层上面的图形对象不能显示出来。

5. ❄/❄（冻结/解冻图层）：被冻结图层上的内容不能显示或输出，与"开/关图层"不同的是，当解冻一个冻结的图层时，AutoCAD 会重新生成视图（相当于执行 Regen 命令）；而打开一个被关闭的图层，AutoCAD 只是刷新该图层。

6. 🔓/🔒（解锁/锁定图层）：被锁定的图层显示其上面的内容，但不能被用户编辑。

项目二　二维绘图提高

本项目主要介绍AutoCAD中文版的各种图形编辑命令。图形编辑就是指对图形进行移动、旋转、复制、删除、修剪、镜像、阵列、图案填充、圆角和参数修改等操作过程，以及各种图形编辑命令在方向视图、局部剖视图、旋转剖视图、轴类零件、轴承及弹簧类零件的绘制中的综合运用。

AutoCAD具有非常强大的图形编辑功能，可以帮助用户合理地构造和组织图形，保证绘图的准确性，简化绘图操作，从而极大地提高绘图效率。

模块一　修剪、复制、倒角、偏移、图案填充功能

本模块实例主要讲修剪、复制、倒角、偏移、图案填充指定对象功能。通过这些功能，用户可以很方便快速地对图形实体进行修改。每一种命令都有三种启动方法。

任务一　全面讲解　法兰盘主视图

任务分析

本任务绘制法兰盘的主视图，如图2－1－1所示。

法兰盘属于盘类零件，其主要结构造型就是“圆柱面”。

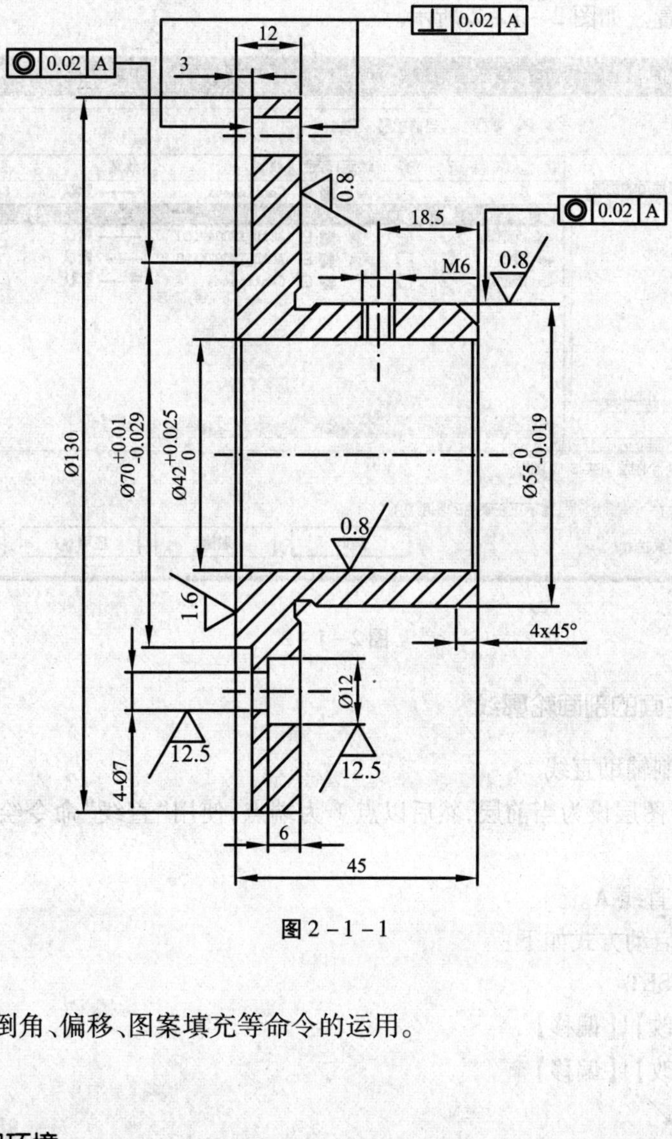

图 2－1－1

任务重点

修剪、复制、倒角、偏移、图案填充等命令的运用。

任务步骤

一、设置绘图环境

第一步　用 LIMITS 命令设置图幅:297×210。

第二步　把图放大至全屏显示。

命令:zoom↙

指定窗口的角点,输入比例因子(nX 或 nXP),或者[全部(A)/中心(C)/动态(D)/范围(E)/上一个(P)/比例(S)/窗口(W)/对象(O)]<实时>:A↙

正在重生成模型。

二、设置图层

单击“图层”工具条上的“图层特性管理器”按钮,系统弹出“图层特性管理器”对话框,然后进行图层设置。如图 2 – 1 – 2 所示。

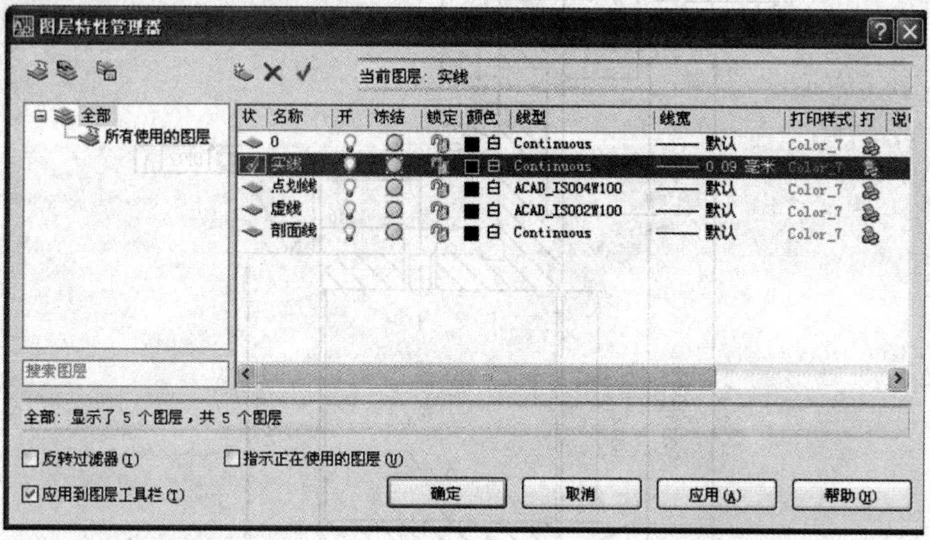

图 2 – 1 – 2

三、绘制圆柱面的剖面轮廓线

第一步　绘制辅助直线

1. 把“实线”图层设为当前层，然后以点 1 为端点，使用“直线”命令绘制两条正交直线 A 和 B。

2. 向上偏移直线 A。

偏移命令的启动方式如下：

命令行：OFFSET

菜　单：【修改】|【偏移】

工具栏：【修改】|【偏移】

命令：_offset↙

当前设置：删除源 = 否　图层 = 源　OFFSETGAPTYPE = 0

指定偏移距离或[通过(T)/删除(E)/图层(L)] <通过>：6.5↙

选择要偏移的对象，或[退出(E)/放弃(U)] <退出>：　//选择直线 A

指定要偏移的那一侧上的点，或[退出(E)/多个(M)/放弃(U)] <退出>：

//在直线 A 的上侧拾取一点

选择要偏移的对象，或[退出(E)/放弃(U)] <退出>：↙

3. 继续使用“偏移”命令把 A 直线向上偏移复制 14 和 44。

4. 向右复制直线 B。

复制命令的启动方式如下：

命令行：COPY

菜　单:【修改】|【复制】

工具栏:【修改】|【复制】

命令:_copy↙

选择对象:找到 1 个　　　　　　　　　　　//选择直线 B

选择对象:↙

指定基点或[位移(D)]<位移>:　　　　　　//捕捉点 1

指定第二个点或<使用第一个点作为位移>:@3,0↙

指定第二个点或[退出(E)/放弃(U)]<退出>:@12,0↙

指定第二个点或[退出(E)/放弃(U)]<退出>:@45,0↙

指定第二个点或[退出(E)/放弃(U)]<退出>:↙

绘图结果如图 2-1-3 所示。

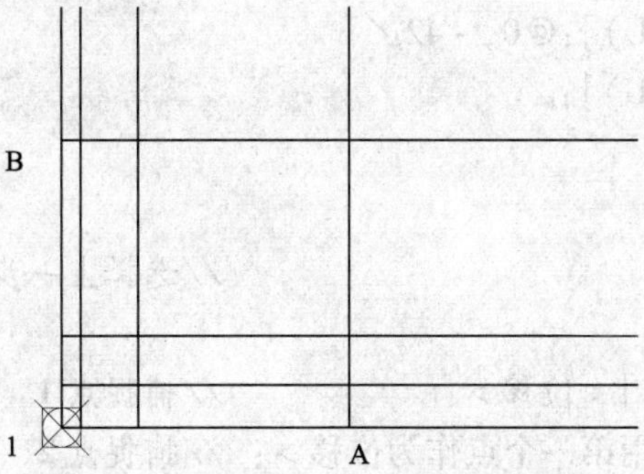

图 2-1-3

第二步　修剪直线

用“修剪”命令对直线进行修改,并除去多余的直线段,即可完成法兰盘剖面轮廓线上半面的绘制,修剪结果如图 2-1-4 所示。

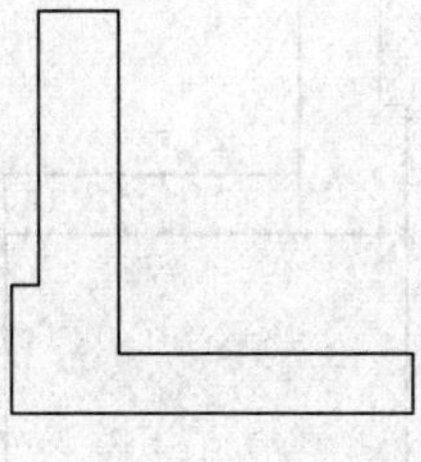

图 2-1-4

修剪命令的启动方式如下:

命令行:TRLM(TR)

菜　单:【修改】|【修剪】

工具栏:【修改】|【修剪】

命令:_trim↙

当前设置:投影=UCS,边=无

选择剪切边...

选择对象或<全部选择>:指定对角点:找到 17 个

//框选所有对象,从图形右下方单击鼠标左键,到图形左上方单击鼠标左键即可

选择对象:↙

选择要修剪的对象,或按住 Shift 键选择要延伸的对象,或

[栏选(F)/窗交(C)/投影(P)/边(E)/删除(R)/放弃(U)]:

//单击要删除的图形元素

选择要修剪的对象,或按住 Shift 键选择要延伸的对象,或

[栏选(F)/窗交(C)/投影(P)/边(E)/删除(R)/放弃(U)]:↙

第三步 绘制直线

1. 绘制直线。

命令:_line↙

命令:_line 指定第一点: //捕捉点 1

指定下一点或[放弃(U)]:@0,-42↙

指定下一点或[放弃(U)]:↙

2. 复制直线。

命令:_copy↙

选择对象:找到 1 个 //选择上一步绘制的直线

选择对象:↙

指定基点或[位移(D)]<位移>: //捕捉点 1

指定第二个点或<使用第一个点作为位移>: //捕捉点 2

指定第二个点或[退出(E)/放弃(U)]<退出>:↙

绘图结果如图 2-1-5 所示。

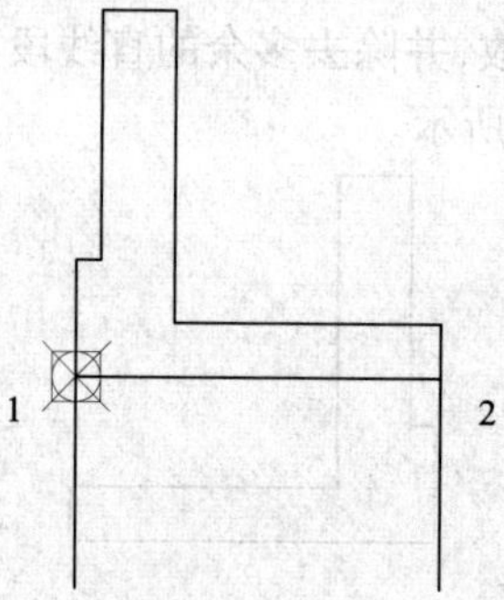

图 2-1-5

第四步 复制轮廓线

1. 镜像复制轮廓线。

镜像命令的启动方式如下:

命令行:TRLM(TR)

菜 单:【修改】|【镜像】

工具栏:【修改】|【镜像】

命令:_mirror↙

选择对象:指定对角点:找到 8 个　　　　　　//框选复制对象

选择对象:↙

指定镜像线的第一点:　　　　　　　　　　//捕捉 A 直线的中点

指定镜像线的第二点:　　　　　　　　　　//捕捉 B 直线的中点

要删除源对象吗?[是(Y)/否(N)]<N>:↙

2. 使用"偏移"或者"复制"命令把 A 直线和 B 直线分别向内侧复制,距离为 1,结果如图 2-1-6 所示。

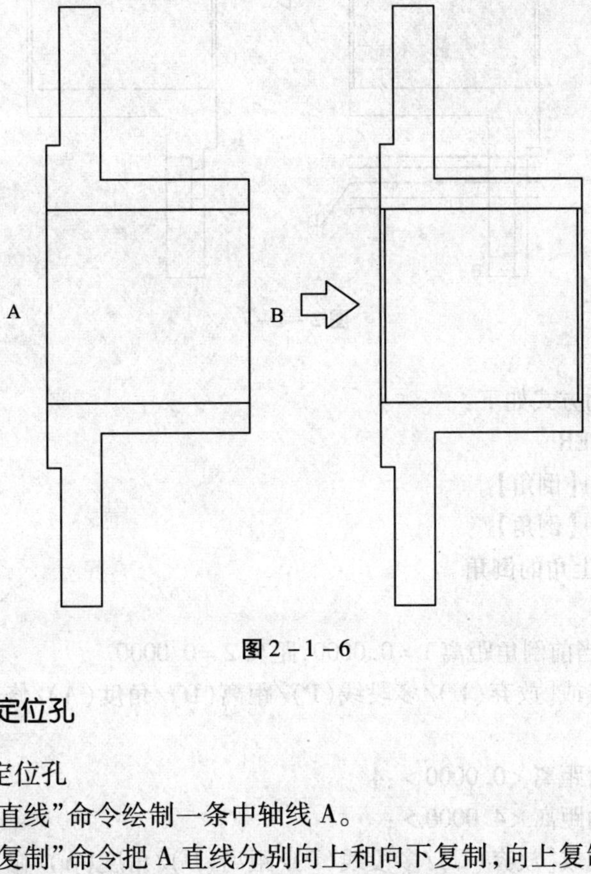

图 2-1-6

四、绘制螺孔和定位孔

1. 绘制螺孔和定位孔

第一步　使用"直线"命令绘制一条中轴线 A。

第二步　使用"复制"命令把 A 直线分别向上和向下复制,向上复制距离为 58,生成直线 C;向下复制距离为 43,生成直线 D。

第三步　使用"偏移"命令把 B 直线向左侧偏移复制 6。

第四步　使用"偏移"命令把 C 直线分别向上和向下偏移复制,偏移距离均为 3.5;把 D 直线也分别向上和向下偏移复制,偏移距离为 3.5 和 6(对称复制)。

第五步　使用"复制"命令把 E 直线向左侧复制,复制距离分别 15.5 和 21.5。

第六步　使用"偏移"命令分别把 F、G 直线向内侧偏移复制 1。

第七步　采用"修剪"命令对复制的直线进行修改,生成螺孔和定位销孔,然后删除 A 直线。结果如图 2-1-7 所示。

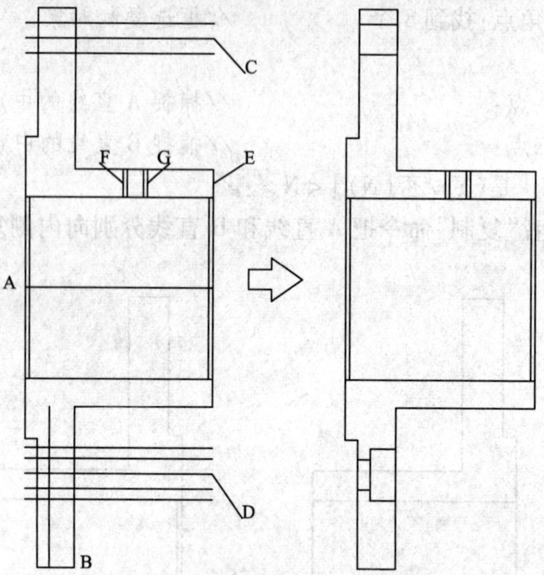

图 2－1－7

2. 绘制倒角

倒角命令的启动方式如下：

命令行：CHAMFER

菜　单：【修改】|【倒角】

工具栏：【修改】|【倒角】

第一步：制作右上角的倒角

命令：_chamfer

（"修剪"模式）当前倒角距离 1＝0.0000，距离 2＝0.0000

选择第一条直线或［放弃（U）/多段线（P）/距离（D）/角度（A）/修剪（T）/方式（E）/多个（M）］：d

指定第一个倒角距离＜0.0000＞：4

指定第二个倒角距离＜4.0000＞：

选择第一条直线或［放弃（U）/多段线（P）/距离（D）/角度（A）/修剪（T）/方式（E）/多个（M）］：　　//选择直线 A

选择第二条直线，或按住 Shift 键选择要应用角点的直线：　　//选择直线 B

第二步：制作右下角的倒角，方法同第一步。结果如图 2－1－8 所示。

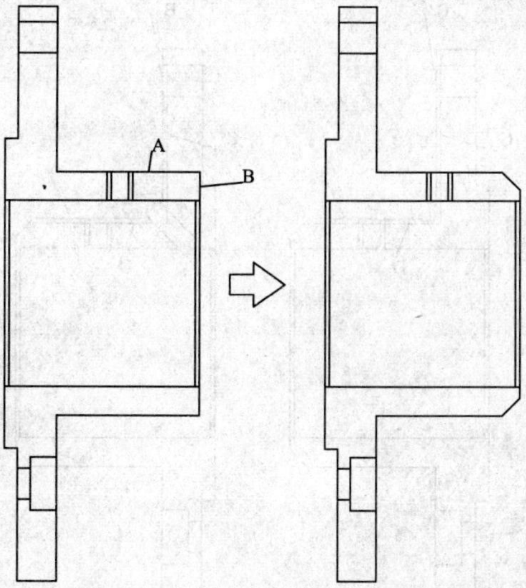

图 2－1－8

五、绘制砂轮越程槽和剖面线

1. 绘制辅助直线并修改

第一步　使用“偏移”命令把 A 直线向下方偏移复制 1，把 B 直线向左侧偏移复制 1。

第二步　使用“偏移”命令把 A 直线向上方偏移复制 3，把 B 直线向右侧偏移复制 3。

第三步　用“修剪”命令对直线进行修改，并且将直线 C 和 D 延长相交。

2. 绘制砂轮越程槽

第一步　绘制直线

命令：line↙

_line 指定第一点：　　　　　　　//捕捉点 1

指定下一点或[放弃(U)]：@15 < －135↙

指定下一点或[放弃(U)]：↙

命令：line↙

_line 指定第一点：　　　　　　　//捕捉点 2

指定下一点或[放弃(U)]：@15 < －135↙

指定下一点或[放弃(U)]：↙

第二步　用“修剪”命令对直线进行修改，并删除多余的直线段。

第三步　采用“镜像”复制的方式制作另一个砂轮越程槽，只是复制后需要略作修改。结果如图 2－1－9 所示。

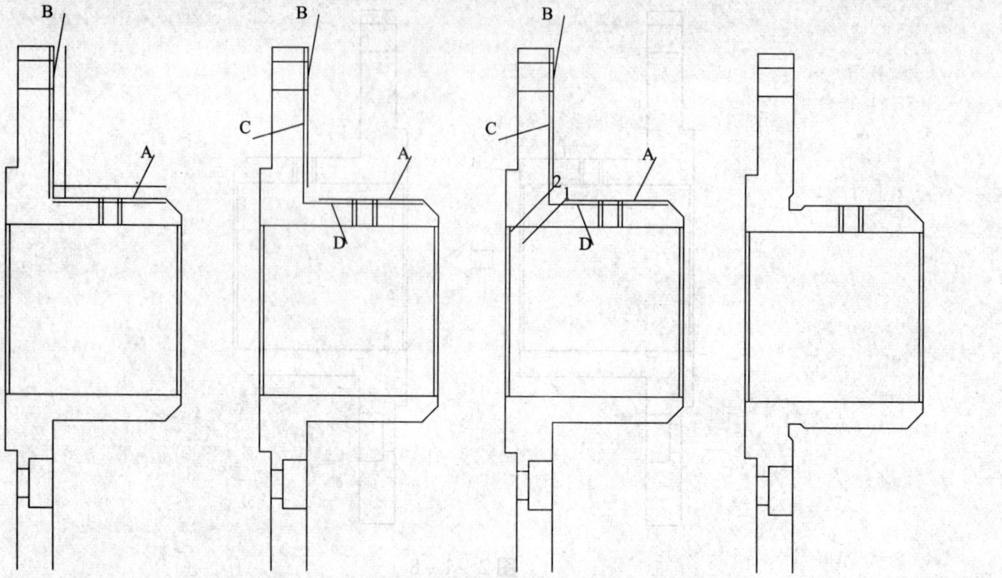

图 2－1－9

3. 绘制剖面线

图案填充命令的启动方式如下：

命令行：BHATCH

菜　单：【绘图】|【图案填充】

工具栏：【绘图】|【图案填充】

第一步：把“剖面线”图层设置为当前图层。

第二步：启动“图案填充”命令，系统弹出“图案填充和渐变色”对话框，在“图案”下拉列表中选择“ANSI31”选项，参数设置接受系统默认值，然后单击“添加：拾取点”按钮，返回绘图区域，并分别在虚线区域内各拾取一点，然后回车，系统返回“图案填充和渐变色”对话框，单击“确定”，即完成图案填充。结果如图 2－1－10 所示。

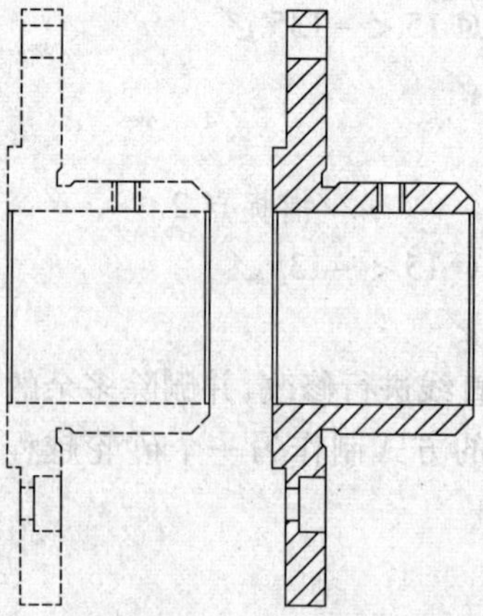

图 2－1－10

任务二 实战演练 垫圈

任务提示

本任务教读者绘制垫圈，如图 2－1－11 所示。

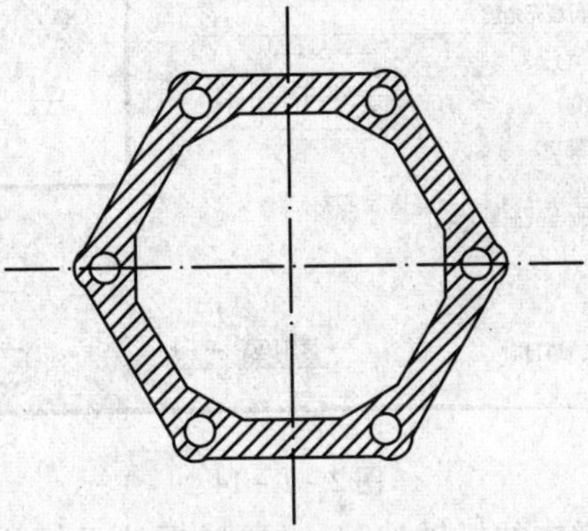

图 2－1－11

本任务能够使用大部分的编辑命令，能够使读者对编辑功能进行实战演练。

任务点拨

第 1 步 绘制正六边形，外切于半径为 50 的圆。

第 2 步 使用“偏移”命令正六边形向内侧偏移复制 10。

第 3 步 以两个正六边形角点连线为直径绘制圆，结果如图 2－1－12 所示。

第 4 步 修剪，结果如图 2－1－13 所示。

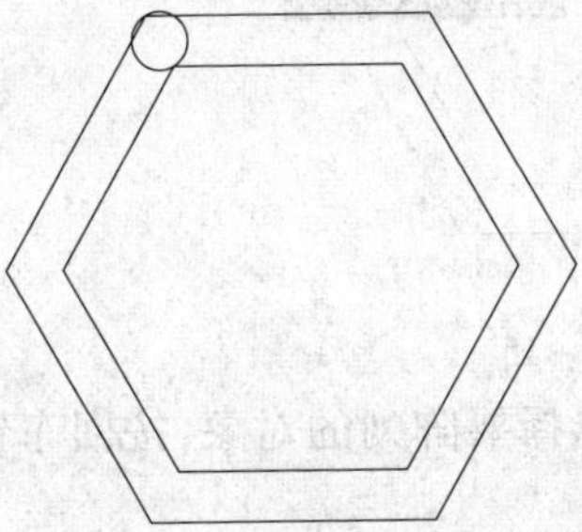

图 2－1－12

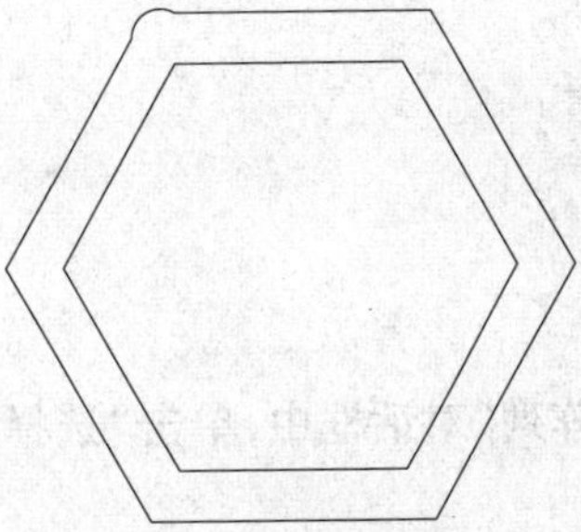

图 2－1－13

第 5 步 阵列

阵列命令的启动方式如下：

命令行：array

菜 单：【修改】|【阵列】

工具栏：【修改】|【阵列】

1. 单击“阵列”按钮，系统弹出如图 2－1－14 所示的对话框。在对话框中，设置阵形模式为“环形阵列”，项目总数为 6，其它参数不变。

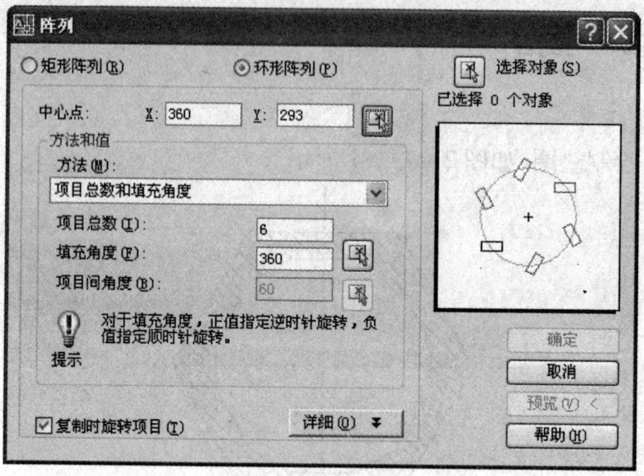

图 2-1-14

2. 中心点，在确保状态栏中的极轴追踪、对象捕捉处于打开的状态，首先将光标移动到正六边形的底边中点上，捕捉到其底边中心，然后将光标移动到正六边形的左角点上，最后移动到正六边形的中心，此时的图形窗口显示捕捉结果如图 2-1-15 所示。单击鼠标左键，系统返回阵列设置对话框。

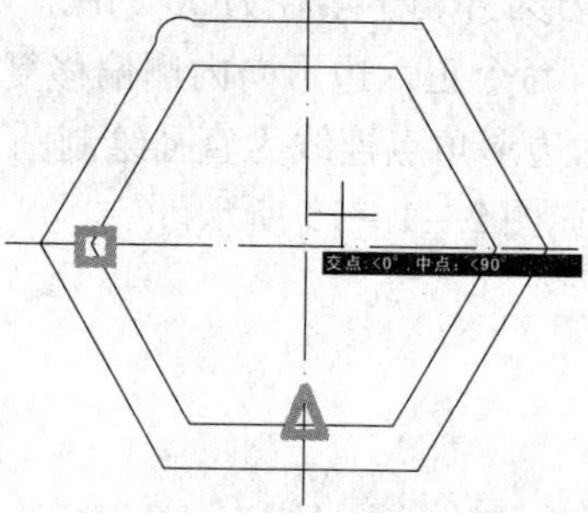

图 2-1-15

3. 在"阵列"对话框中，单击"选择对象"按钮，选择要阵列的对象，按回车键，单击"确定"按钮。

4. 修剪多余的线条。

5. 倒角 距离为 10，结果如图 2-1-16 所示。

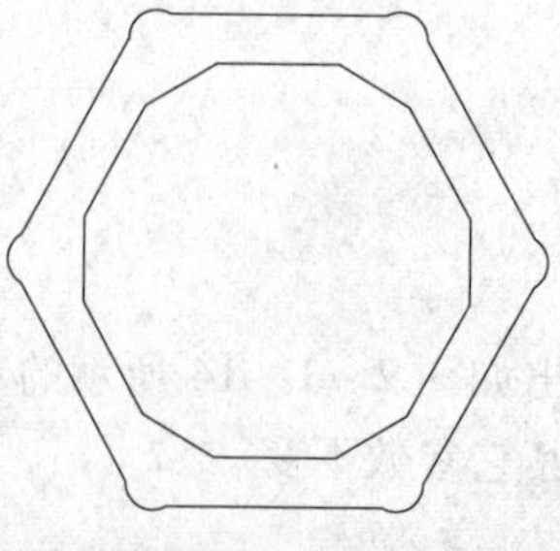

图 2-1-16

6. 连接小圆弧的中点和倒角线段的中点,以连线的中点为圆心,半径为 4 画圆。

7. 阵列,数目为 6。删除多余的线条。

8. 图案填充,结果如图 2-1-11 所示。

任务三　举一反三　法兰盘左视图和密封圈

一、法兰盘左视图

核心提示

1. 设置图层

2. 先绘中轴线(中心线),如图 2-1-17 所示,再运用直线、圆、阵列、偏移、修剪等命令来完成绘图操作。

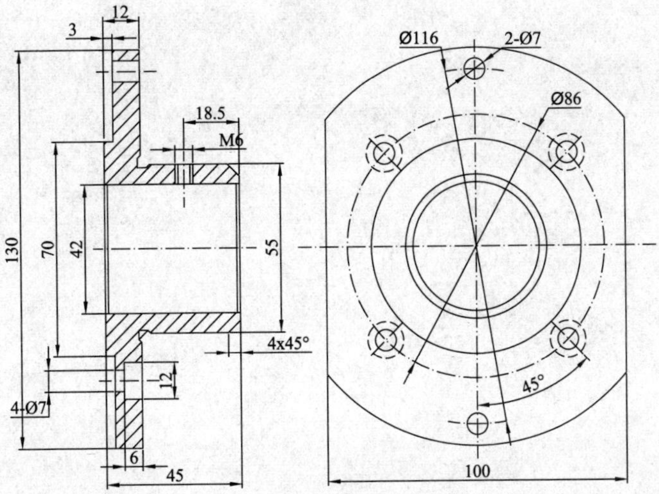

图 2-1-17

二、密封圈

核心提示

1. 设置图层

2. 直线、圆、修剪、复制等命令的运用。

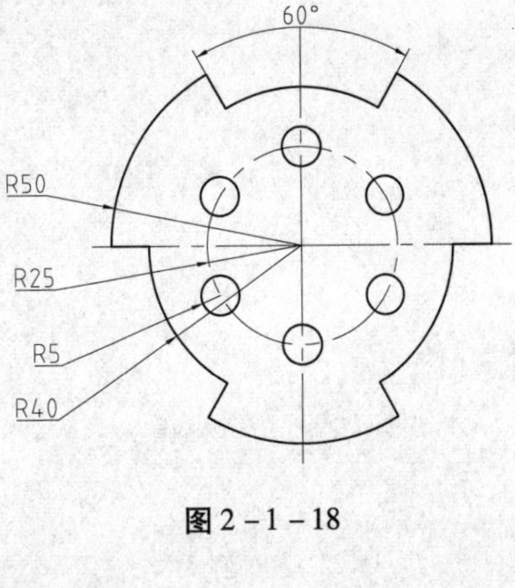

图 2-1-18

小提示

1. 在 AutoCAD 中阵列、复制、镜像、偏移命令都具有复制的功能，但也有区别：

偏移：用于等距离复制（比如复制平行线），或是绘制同心圆等。

复制：用于简单的最基本的复制，并可进行多重复制。

镜像：用于对称镜像复制，其复制原理与镜面成像一样。

阵列：主要用于矩形和环形复制，复制效率非常高。读者通过“阵列”对话框选择阵列类型和设定各项参数。

模块二　圆角、打断、圆弧连接

本模块实例主要讲解圆角功能，以及圆弧连接的平面图形的绘制方法。圆角是指用指定的半径决定的一段平滑的圆弧连接两个对象。

AutoCAD 规定可以圆滑连接一对直线段、非圆弧的多段线段、射线、圆、圆弧和椭圆。可以在任何时刻圆滑连接多段线的每个节点。

圆角命令的启动方式如下：

命令行：FILLET

菜　单：【修改】|【圆角】

工具栏：【修改】|【圆角】

任务一　全面讲解　挂轮架

任务分析

本任务实例绘制的挂轮架，如图 2－2－1 所示。由图可知，该挂轮架主要由直线、相切的圆及圆弧组成，因此，可以用绘制直线命令、绘制圆命令及绘制圆弧命令，并配合修剪命令来绘制；挂轮架的上部是对称的结构，因此可以使用镜像命令对其进行操作；对于其中的圆角均可以采用圆角命令画出。

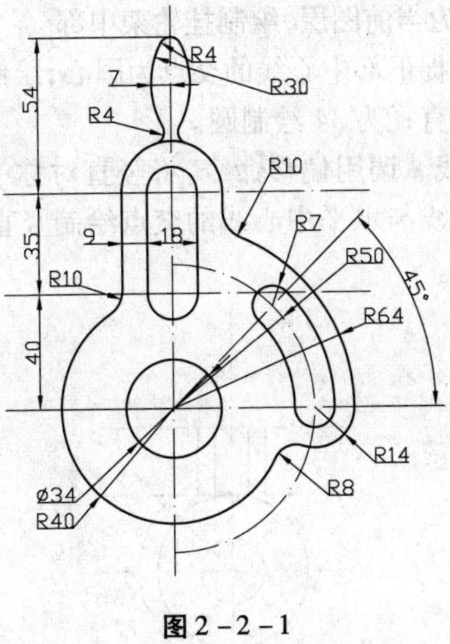

图 2－2－1

任务重点

修剪、圆角、镜像等命令的运用。

任务步骤

1. 设置绘图环境

步骤1　用LIMITS命令设置图幅:297×210。

步骤2　用LAYER命令创建图层“绘图层”及“中心线层”。其中“绘图层”线型为实线,线宽为0.35毫米,其他设置默认;“中心线层”线型为ACAD_ISO04W100,线宽为0.15毫米,其他设置默认。

2.将当前图层设置为“中心线层”图层,绘制对称中心线

第1步　绘制直线。调用直线命令绘制三条直线,端点分别为{(70,60),(200,60)}、{(130,200),(130,2)}{(中心线的交点),((@60<45))}

第2步　偏移处理。调用偏移命令,将水平对称中心线分别向上偏移40、75、125。

第3步　绘制圆并修剪。调用圆命令,以下部中心线的交点为圆心,绘制半径为50的圆。运用修剪命令,将多余的线段进行修剪。结果如图2-2-2所示。

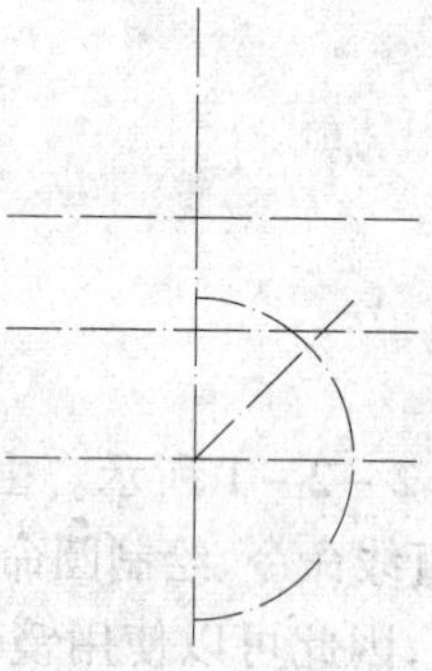

图2-2-2

3.将“绘图层”图层设置为当前图层,绘制挂轮架中部

第1步　利用圆命令,捕捉下部中心线的交点为圆心,绘制半径为40的圆。同样,捕捉下部中心线的交点为圆心,以直径为34绘制圆。

第2步　偏移和绘制直线。调用偏移命令,将竖直对称中心线向左右各偏移18和9。利用直线命令,捕捉竖直中心线与水平中心线的交点绘制竖直线。删除偏移的竖直对称中心线,结果如图2-2-3所示。

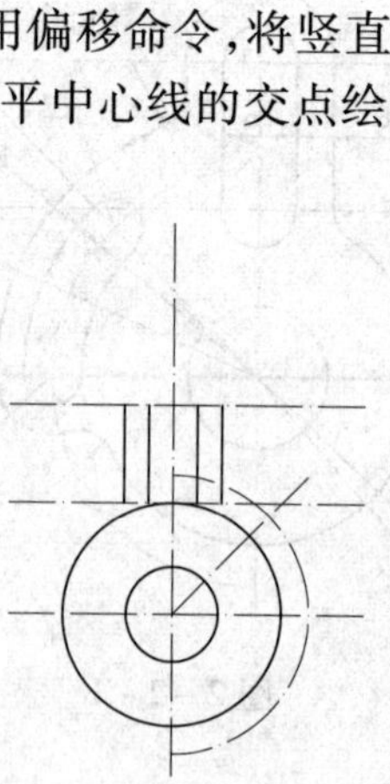

图2-2-3

第3步　绘制圆弧并倒圆角。

命令:ARC↙

指定圆弧的起点或[圆心(C)]:C↙

指定圆弧的圆心:　　　　　　　　　　//捕捉中心线的交点
指定圆弧的起点:　　　　　　　　　　//捕捉左侧中心线的交点
指定圆弧的端点或[角度(A)/弦长(L)]:A↙
指定包含角:-180↙
命令:FILLET↙　　　　　　　　　　//圆角命令,绘制上部R9圆弧
当前模式:模式=修剪,半径=9.0000
选择第一个对象或[(放弃U)/多段线(P)/半径(R)/修剪(T)/多个(M)]:
　　　　　　　　　　　　　　　　//选择中间左侧的竖直线的上部

同样方法,调用圆角命令绘制下部R9圆弧和左端R10圆角。

调用TRIM命令修剪R34圆,结果如图2-2-4所示。

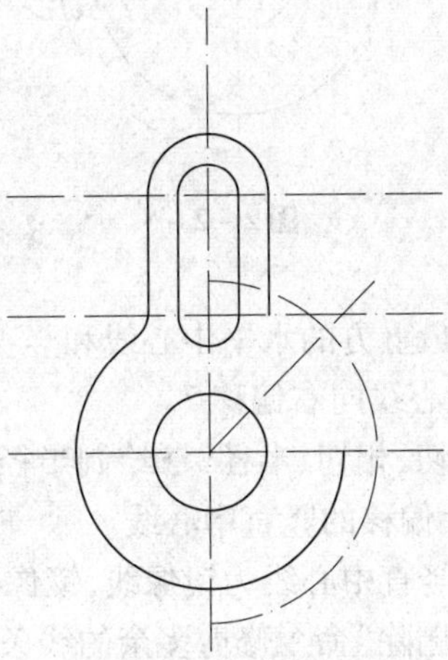

图2-2-4

4.绘制挂轮架右部

第1步　用"圆"命令,捕捉中心线圆弧R50与水平中心线的交点为圆心,绘制半径为7的圆。同样,捕捉中心线圆弧R50与倾斜中心线的交点为圆心,以7为半径绘制圆。

第2步　用"圆弧"命令的"圆心、起点、端点"绘圆弧法绘圆弧,捕捉R34圆弧的圆心为圆心,捕捉下部R7圆与水平对称中心线的左交点为起点,捕捉上部R7圆与倾斜对称中心线的左交点为端点绘制R43圆弧。同样,用"圆弧"命令的"圆心、起点、端点"绘圆弧法绘圆弧,捕捉R34圆弧的圆心为圆心,捕捉下部R7圆与水平对称中心线的右交点为起点,捕捉上部R7圆与倾斜对称中心线的右交点为端点绘制R57圆弧。

第3步　用"修剪"命令修剪R7圆。

第4步　用"圆"命令,捕捉R34圆弧的圆心为圆心,绘制半径为64为圆。

第5步　用"倒圆角"命令绘制上部R10圆角。

第6步　用"修剪"命令修剪R64圆。

第7步　用"圆弧"命令,捕捉下部R7圆的圆心为圆心,捕捉R64圆与水平对称中心线的交点为起点,指定包含角为-180,绘制R14圆弧。

第8步　用"倒圆角"命令绘制下部R8圆角。

第 9 步 用“修剪”命令和“删除”命令修剪多余的线条，结果如图 2 –2 –5 所示。

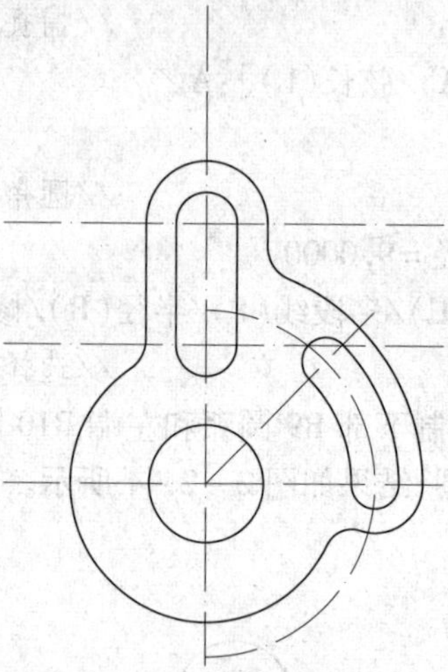

图 2 –2 –5

5. 绘制挂轮架上部

第 1 步 用“圆”命令，捕捉最上方的水平中心线和竖直中心的交点为圆心，绘制半径为 4 的圆，用“偏移”命令，将竖直中心线向右偏移 7。

第 2 步 用“圆”命令的“相切、相切、半径”法绘制半径为 30 的圆。

第 3 步 用“删除”命令删除偏移的竖直中心线。

第 4 步 用“镜像”命令，以竖直中心线为镜像线，镜像半径为 30 的圆。

第 5 步 用“修剪”命令和“删除”命令修剪多余的线条。

第 6 步 用“圆”命令的“相切、相切、半径”法绘制左边和右边 R4 圆角。利用“修剪”命令修剪，结果如图 2 –2 –6 所示。

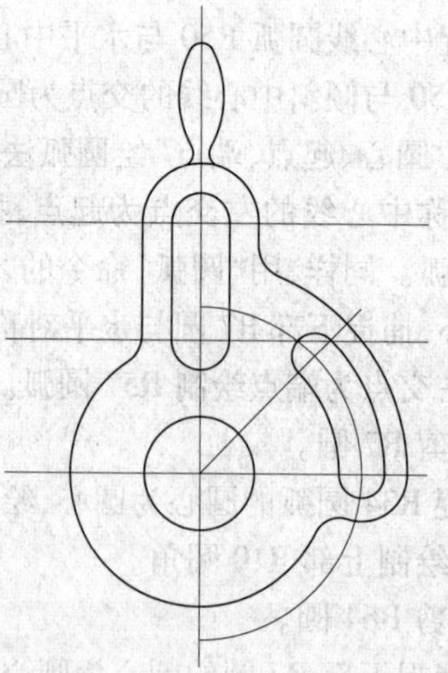

图 2 –2 –6

任务二 实战演练 吊钩

任务提示

本任务教读者绘制吊钩,如图 2-2-7 所示。通过绘制此图形,训练直线、圆、圆弧、偏移、修剪、倒角、圆角命令的使用方法,以及含有连接圆弧的平面图形的绘制方法。

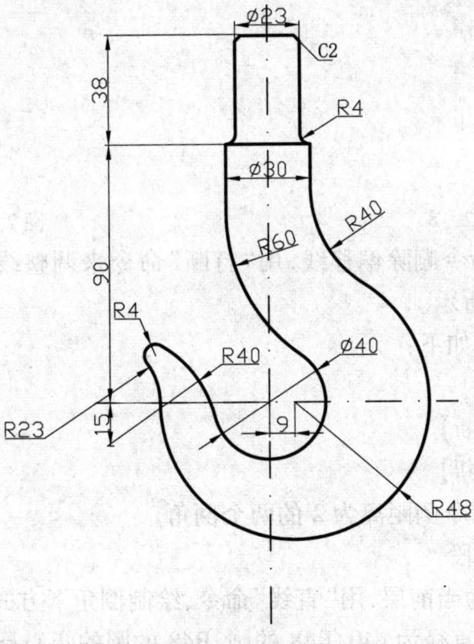

图 2-2-7

要绘制该图形,应先分析线段类型。已知线段:钩柄部分的直线和钩子弯曲中心部分的 ø40、R48 圆弧;中间线段:钩子尖部分的 R40、R23 圆弧;连接线段:钩尖部分圆弧 R4、钩柄部分过渡圆弧 R60、R40。

任务点拨

第 1 步 设置图层。新建"绘图线"和"中心线"两个图层。

第 2 步 选择图层,绘制中心线。

第 3 步 用"偏移"和"直线"命令绘制吊钩柄部直线,如图 2-2-8 所示。

图2-2-8

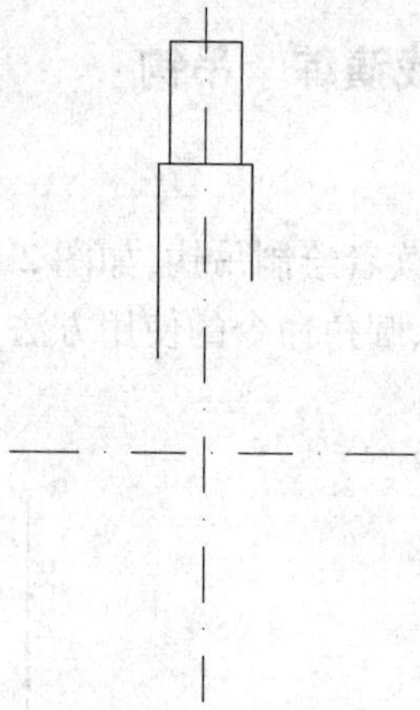

图2-2-9

第4步　用“删除”命令删除偏移线，用“打断”命令来调整线段的长短，也可以用夹点编辑方法，如图2-2-9所示。

打断命令的启动方式如下：

命令行：TRIM

菜　单：【修改】|【打断】

工具栏：【修改】|【打断】

第5步　用“倒角”命令倒距离为2的两个倒角。

第6步　绘制已知线段

1. 将“绘图线”层作为当前层，用“直线”命令，绘制倒角下方的直线。

2. 用“圆”命令，绘制直径为ø40、R48的圆，R48的圆的圆心是把竖直中心线向右偏移9与水平中心线的交点。

第7步　用“圆角”命令绘制R40、R60的圆。如图2-2-10所示。

第8步　绘制钩尖半径为R40的圆，因为R40的圆弧的圆心纵坐标轨迹已知（在距水平中心线向下为15的直线上），横坐标未知，所以属于中间圆弧，又因该圆弧与直径为ø40的圆相切，可以用外切原理求出圆心坐标轨迹。用“偏移”命令将水平中心线向下偏移15，将直径为ø40的圆向外偏移40个单位，偏移后的直线与偏移后圆的交点为R40的圆的圆心，绘制R40的圆。如图2-2-11所示。

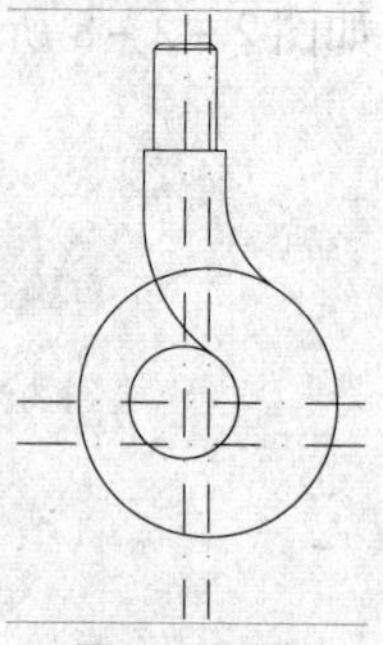

图2-2-10

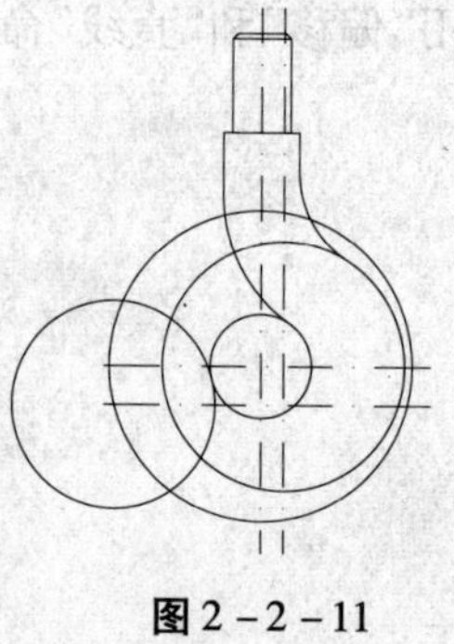

图2-2-11

第9步　绘制钩尖半径为R23的圆,因为R23的圆弧的圆心在水平中心线上,另一坐标未知,所以该圆弧属于中间圆弧。又因该圆弧与R48的圆弧相外切,可以用外切原理求出圆心坐标轨迹。方法同上一步。以偏移圆与水平中心线交点为圆心画圆。如图2-2-12所示。

第10步　用"圆角"命令绘制半径为4的圆。如图2-2-13所示。

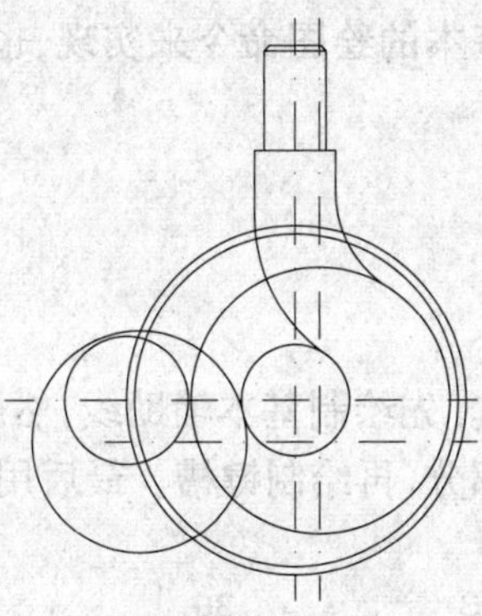

图2-2-12

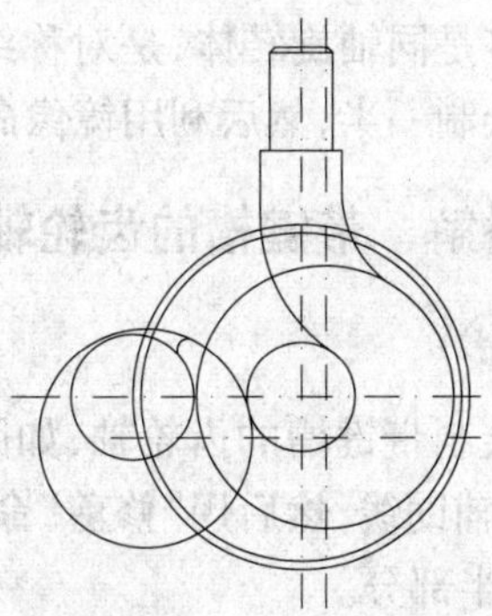

图2-2-13

第11步　编辑修剪图形。

1. 删除两个辅助圆。
2. 修剪各圆和圆弧至合适的长短。
3. 用"打断"命令或夹点编辑调整中心线的长度,完成如图2-2-7所示的图形。

任务三　举一反三　锁钩

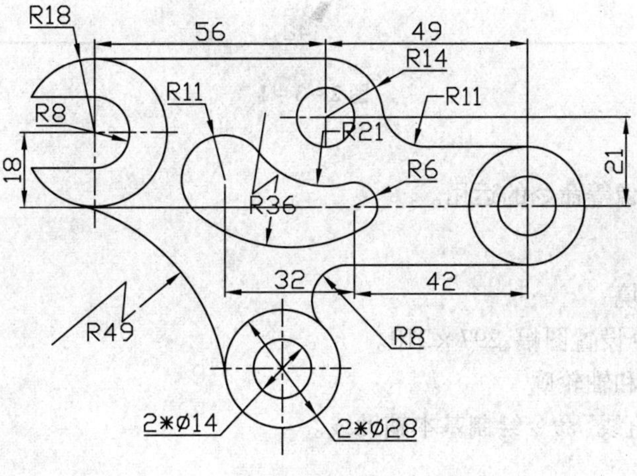

图2-2-14

核心提示

圆角编辑功能

圆弧连接方法

模块三 轴类零件图的绘制

本模块实例主要讲解轴类零件图的绘制,通过此项目的学习,了解轴类零件图的绘制特点。轴类零件大多是同轴旋转体,是对称结构,可以利用基本的绘图命令来实现,也可以利用图形的对称性绘制一半,然后利用镜像命令来处理完成。

任务一 全面讲解 带键槽的齿轮轴

任务分析

本任务实例绘制带键槽的齿轮轴,如图 2-3-1 所示。先绘制基本辅助线,然后用“偏移”命令绘制其他辅助线,然后用“修剪”命令修剪多余的部分,再绘制键槽。最后用“镜像”命令,完成轴的下半部分。

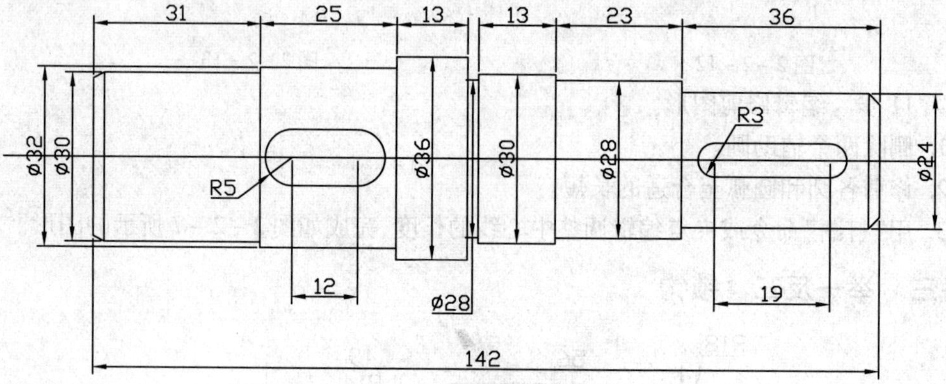

图 2-3-1

任务重点

修剪、偏移、镜像等命令的运用。

任务步骤

1. 设置绘图环境

用 LIMITS 命令设置图幅:297×210。

2. 绘制辅助线和轴轮廓

第 1 步 用“直线”命令绘制基本辅助线。

命令:line↙

命令:_line 指定第一点:10,50↙

指定下一点或[放弃(U)]:180,50↙

指定下一点或[放弃(U)]:↙

命令:line↙

命令:_line 指定第一点:15,20↙

指定下一点或[放弃(U)]:15,80↙

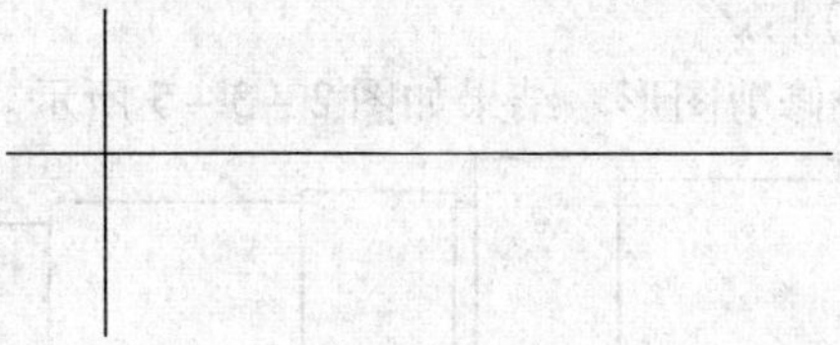

图 2-3-2

指定下一点或[放弃(U)]:↙

如图 2-3-2 所示。

第 2 步　偏移处理。调用偏移命令,将水平线分别向上偏移 12、14、15、16、18,如图 2-3-3 所示。

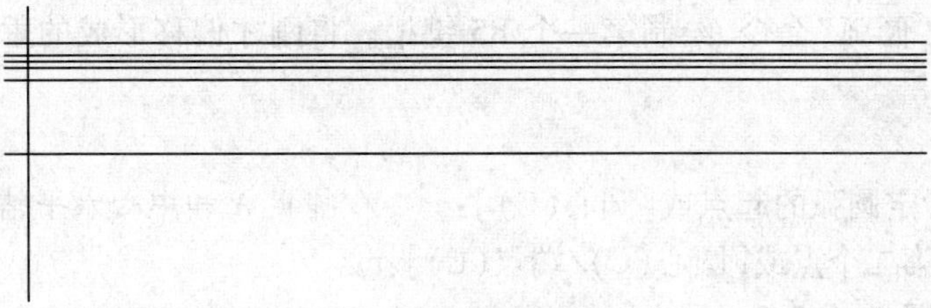

图 2-3-3

第 3 步　再进行偏移处理。调用偏移命令,将垂直线分别向右偏移 142;将右侧垂直线向左偏移 73 和 34;将左边第二条垂直线向左偏移 13 和 38,然后再向右偏移 16;继续将左边第四条垂直线向右偏移 3,把最外侧的两条垂直线分别向内偏移 2;如图 2-3-4 所示。

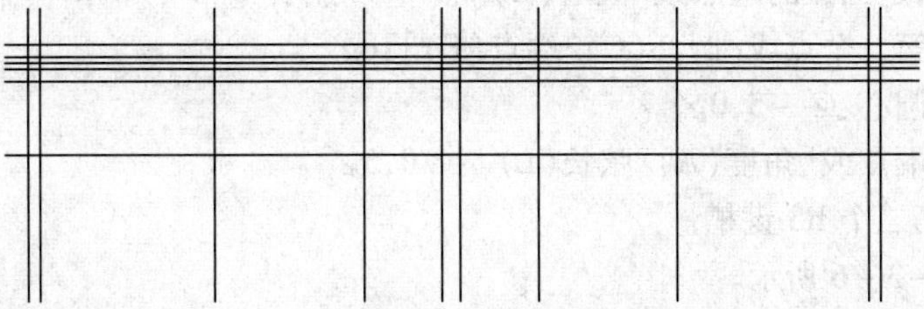

图 2-3-4

3. 用"修剪"命令绘制上半轴轮廓线

第 1 步　用"直线"命令绘制倒角。

命令:line↙

命令:_line 指定第一点↙

//选择从左到右第二条垂直线与纵坐标为 15 的水平直线交点

指定下一点或[放弃(U)]:@ -2, -2↙

指定下一点或[放弃(U)]:↙

命令:line↙

命令:_line 指定第一点:

//选择从右到左第二条垂直线与纵坐标为 12 的水平直线交点

指定下一点或[放弃(U)]:@2, -2↙

指定下一点或[放弃(U)]:↙

第2步　用“修剪”命令修剪图形。结果如图2-3-5所示。

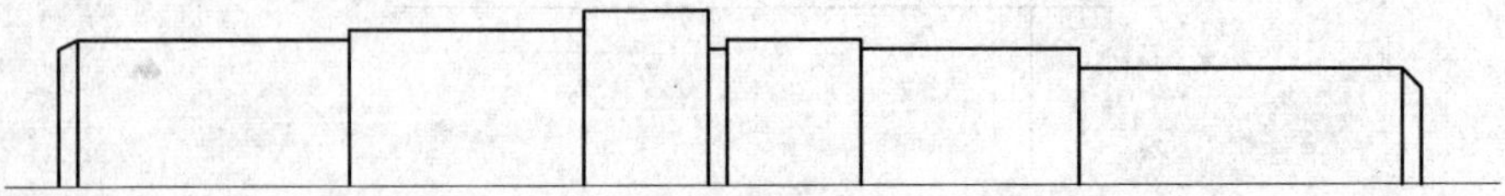

图2-3-5

4. 绘制键槽

第1步　用“偏移”命令,绘制键槽,设由左到右的垂直线编号为1至10号。将3号直线向右平移1,4号直线向左平移2,8号直线向右平移3,将9号线左移4,将基本水平辅助线分别上移3和5。

第2步　用“圆弧”命令,绘制第一个R5键槽。将刚才偏移形成的垂直线编号为A—D。

命令:arc↙

命令:_arc 指定圆弧的起点或[圆心(C)]:　　//捕捉A和中心水平辅助线交点

指定圆弧的第二个点或[圆心(C)/端点(E)]:c↙

指定圆弧的圆心:@5,0↙

指定圆弧的端点或[角度(A)/弦长(L)]:a↙

指定包含角:-90↙

命令:arc↙

命令:_arc 指定圆弧的起点或[圆心(C)]:　　//捕捉B和中心水平辅助线交点

指定圆弧的第二个点或[圆心(C)/端点(E)]:c↙

指定圆弧的圆心:@ -5,0↙

指定圆弧的端点或[角度(A)/弦长(L)]:@0,5↙

同上,绘制第二个R3键槽。

结果如图2-3-6所示。

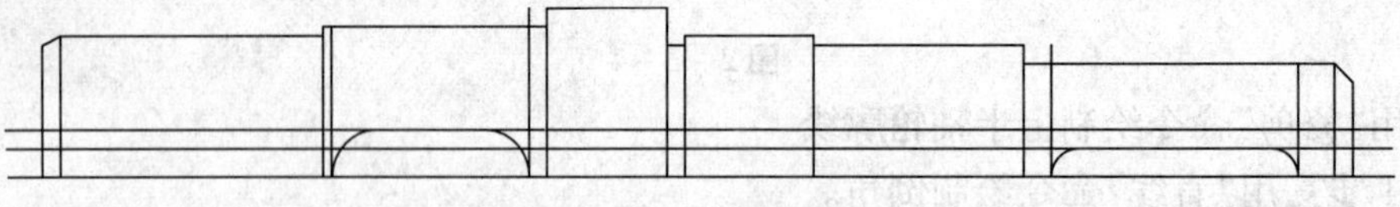

图2-3-6

第3步　用“修剪”命令,修剪多余的部分。结果如图2-3-7所示。

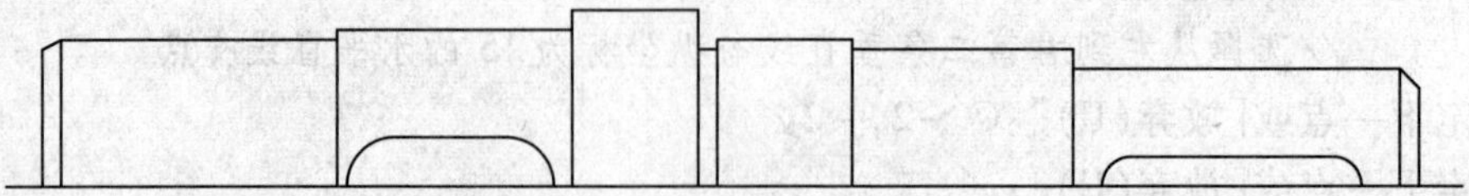

图2-3-7

5. 镜像

用“镜像”命令,完成整个轴的绘制,结果如图2-3-1所示。

6. 标注

标注后续项目讲解。

任务二 实战演练 泵轴

任务提示

本任务教读者绘制泵轴,如图 2-3-8 所示。通过绘制此图形,训练直线、圆、圆弧、偏移、修剪、倒角的使用方法,以及轴类图形的绘制方法。

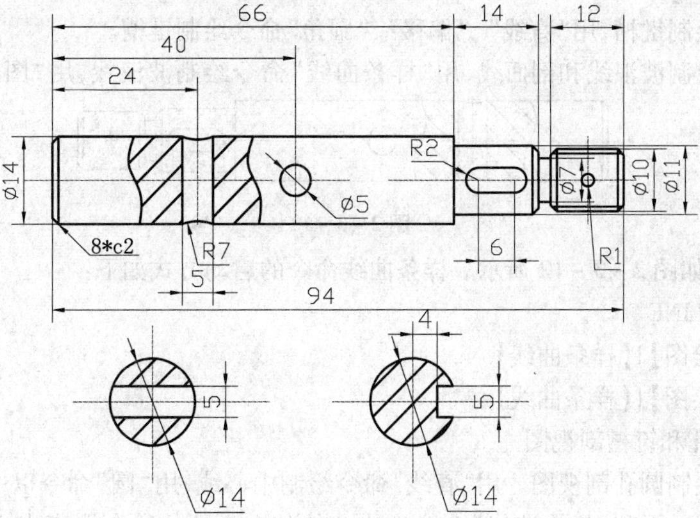

图 2-3-8

任务点拨

1. 设置图层。新建“粗实线”、“中心线”、“细实线”三个图层。

2. 选择“中心线”图层,绘制中心线。

3. 选择“粗实线”图层,绘制泵轴主视图。

第 1 步 用“直线”命令绘制泵轴 ø14 轴段、ø11 轴段、ø7 轴段、ø10 轴段;再绘制 M10 螺纹小径。结果如图 2-3-9 所示。

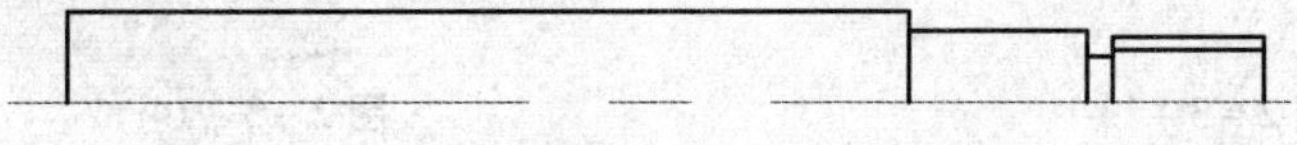

图 2-3-9

第 2 步 绘制倒角、倒角线并修剪处理。

第 3 步 用“镜像”命令,以轴线为镜像线,镜像图形,结果如图 2-3-10 所示。

图 2-3-10

第 4 步 用“直线”命令绘制竖直中心线;用“圆”命令绘制 ø2 和 ø5 的圆;再调用“直

线”命令绘制 ø14 轴段的两条竖线。

第 5 步 用“修剪”命令修剪多余的线段。

第 6 步 用“圆弧”命令绘制 R7 的圆弧，再以中轴线为镜像线，镜像 R7 的圆弧，结果如图 2 – 3 – 11 所示。

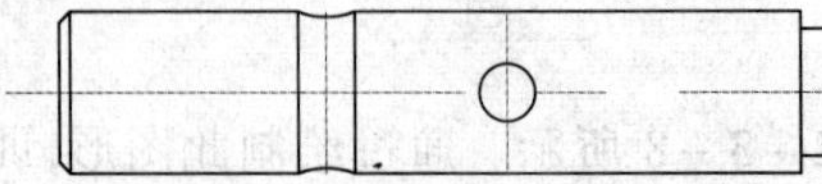

图 2 – 3 – 11

第 7 步 绘制键槽，用“直线”、“偏移”、“圆角”命令绘制键槽。

第 8 步 绘制波浪线和剖面线，用“样条曲线”命令绘制波浪线，用“图案填充”命令绘

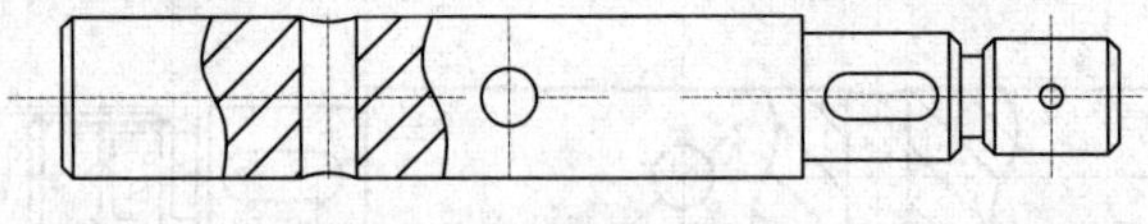

图 2 – 3 – 12

制剖面线，结果如图 2 – 3 – 12 所示。样条曲线命令的启动方式如下：

命令行：SPLINE

菜　单：【绘图】|【样条曲线】

工具栏：【绘图】|【样条曲线】

4. 绘制圆孔和键槽剖视图

第 1 步 绘制圆孔剖视图。用“直线”命令绘制中心线，用“圆”命令以中心线交点为圆心绘制 ø14 的圆。再利用“构造线”命令在中心线的上下两侧绘制距离中心线 2.5 的构造线。用“修剪”命令修剪多余的线段。再用“图案填充”命令绘制剖面线。结果如图 2 – 3 – 13 所示。

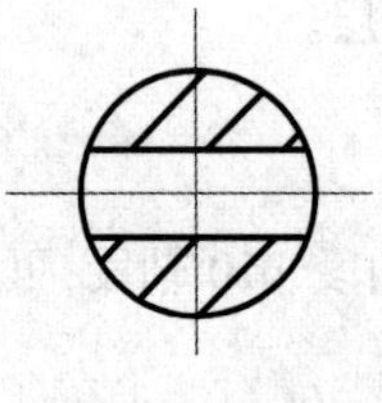

图 2 – 3 – 13

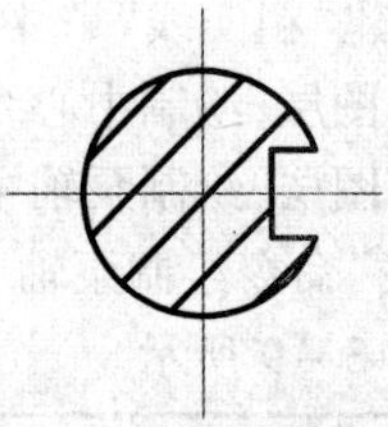

图 2 – 3 – 14

命令：xline↙

命令：_xline 指定点或[水平(H)/垂直(V)/角度(A)/二等分(B)/偏移(O)]：o↙

指定偏移距离或[通过(T)]<通过>：2.5↙

选择直线对象：　　　　//选择水平中心线

指定向哪侧偏移：　　　//鼠标点击水平中心线上侧任意一点

选择直线对象：　　　　//选择水平中心线

指定向哪侧偏移：　　　//鼠标点击水平中心线下侧任意一点

选择直线对象：↙

第2步　绘制键槽剖视图,方法同第1步。结果如图2-3-14所示。

5. 保存图形

保存命令的启动方式如下:

命令行:SAVEAS

菜　单:【文件】|【另存为】

保存文件到指定的位置并命名。

任务三　举一反三　阶梯轴

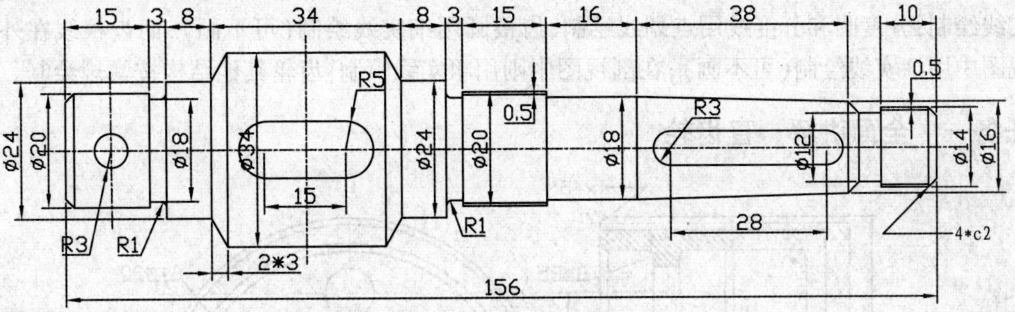

图2-3-15

模块四　齿轮类零件的绘制

本模块实例主要讲解齿轮类零件的绘制。齿轮是机械传动中广泛应用的传动零件，它可以用来传递动力，改变转速和方向，但必须成对使用，其圆周速度可达300m/s，传递功率可达105kW，齿轮直径可从1mm～150m以上。同时也是减速箱设计过程中的最基本的零件，是设计的基本要素，其表达要符合国家标准的规定。

国标规定齿轮的图样中一般用两个视图来表示齿轮的结构形状；齿顶圆和齿顶线用粗实线绘制；分度圆和分度线用点划线绘制，齿根圆用细实线绘制（可不画），而齿根线在外形视图中用细实线绘制（可不画）；在剖视图中则用粗实线绘制；齿轮其他结构按常规绘制。

任务一　全面讲解　直齿轮

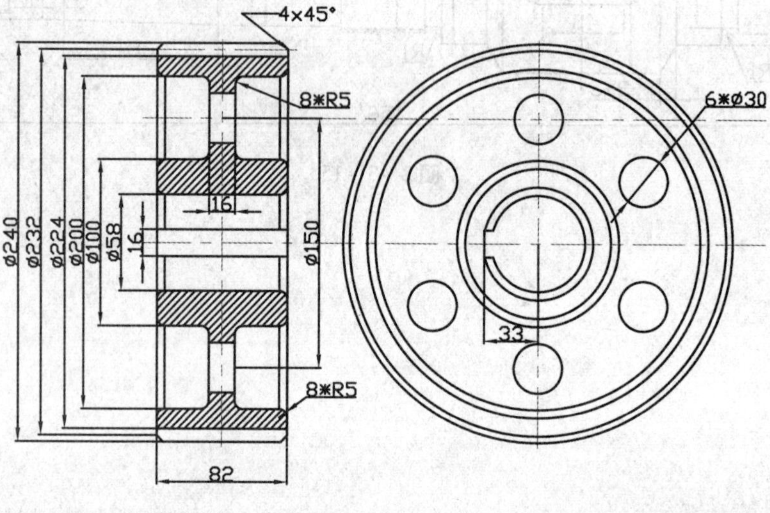

图2－4－1

任务分析

本任务实例绘制直齿轮，如图2－4－1所示。直齿轮是机器中广泛应用的传动零件之一，用来传递动力和运动，具有计数功能，齿轮传动可以实现增速、减速、变向、换向等运动。通过此任务的讲解，读者可以了解在AutoCAD中绘制齿轮的一般方法。直齿轮常以主视图和左视图表示，且中心线水平放置，主视图绘成全剖视图，左视图是基本视图，表达外形。因此主视图是以中心线为界的对称图形，左视图是一系列的同心圆。

任务重点

直线、圆、镜像、图案填充等知识的运用。

任务步骤

第1步　用LIMITS命令设置图幅：A4（297×210），横放。单击“图层特性管理器”按钮,在"图层特性管理器"对话框中,设置"粗实线层"、"中心线层"、"细实线层"等,线型、颜色、线宽等设置。

第 2 步　用"直线"命令在"中心线层"绘制中心线。结果如图 2-4-2 所示。

图 2-4-2

第 3 步　将当前图层设置为"粗实线层",绘制直齿轮主视图。

A. 用"直线"命令,过左侧中心线交点、(@ -41,0)、(@0,120)、(@41,0)绘制直线。

B. 用"偏移"命令,把左边竖线向右偏移,偏移量为 33 个单位;把上面的水平直线向下偏移,偏移量依次为 8、20、30、60、70 和 91 个单位。偏移中心线,向上偏移量依次为 75 和 116 个单位。结果如图 2-4-3 所示。

C. 用"倒角"命令,角度、距离模式,对左上角处的齿轮倒直角 4×45 度;用"圆角"命令,对中间凹槽倒圆角,半径为 5 个单位;然后进行修剪,绘制倒圆角轮廓线。结果如图 2-4-4 所示。

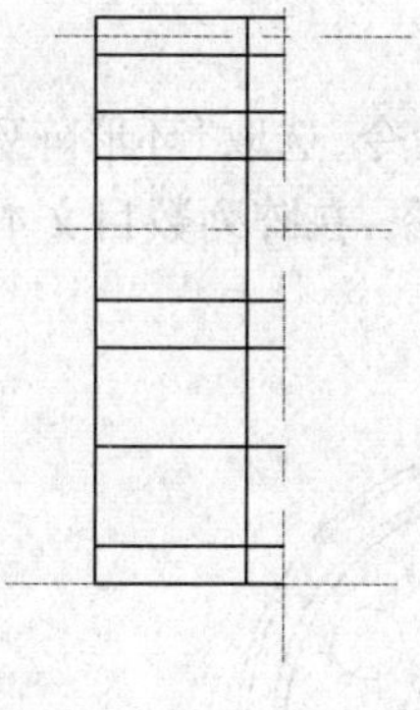

图 2-4-3

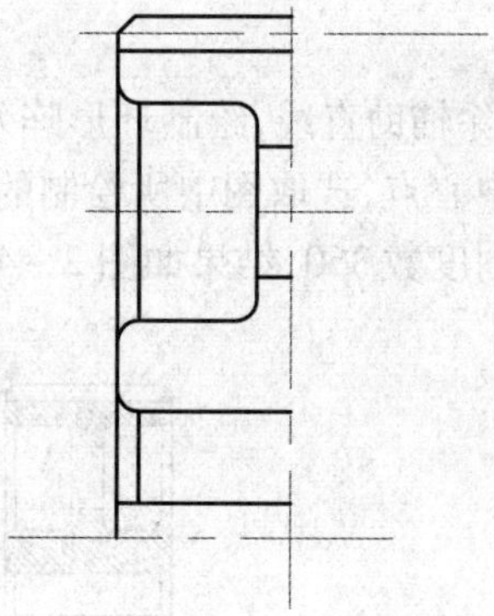

图 2-4-4

D. 用"镜像"命令,分别以两条中心线为镜像轴,进行镜像。

E. 切换到"细实线层",用"图案填充"命令,绘制剖面线。结果如图 2-4-5 所示。

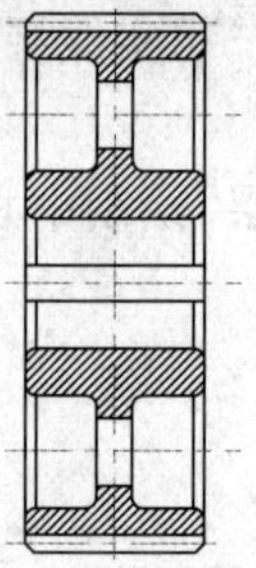

图 2-4-5

第 4 步 绘制直齿轮左视图。

A. 绘制辅助定位线。用“直线”命令,利用“对象捕捉”在主视图中确定直线起点,再利用“正交”功能保证引出线水平,终点位置任意。

B. 绘制同心圆。用“圆”命令,以右侧中心线交点为圆心,半径依次捕捉辅助线与中心线的交点,绘制 9 个圆;再用“圆”命令绘制减重圆孔,绘制结果如图 2-4-6 所示。

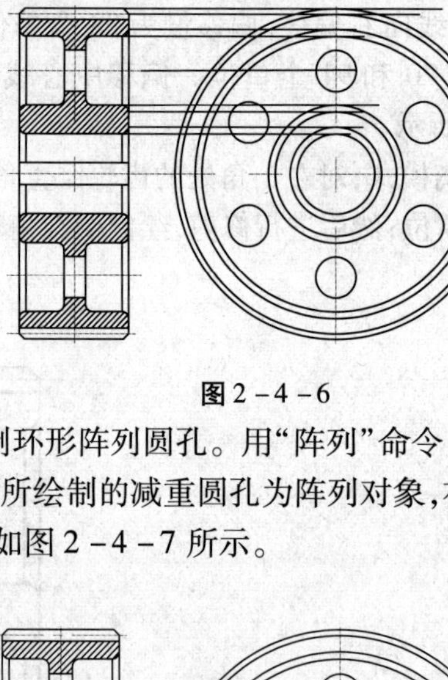

图 2-4-6

C. 删除辅助直线,绘制环形阵列圆孔。用“阵列”命令,选取“环形阵列”,以同心圆的圆心为阵列中心点,选取图中所绘制的减重圆孔为阵列对象,在阵列数目文本框中输入 6,使用默认的阵列度数 360,结果如图 2-4-7 所示。

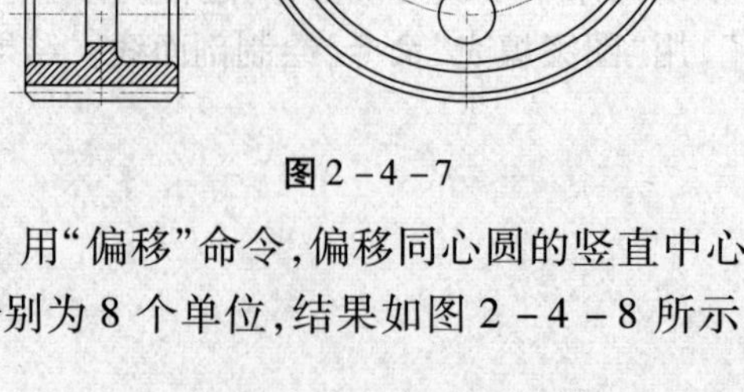

图 2-4-7

D. 绘制键槽边界线。用“偏移”命令,偏移同心圆的竖直中心线,偏移量为 33 个单位;水平中心线上下偏移量分别为 8 个单位,结果如图 2-4-8 所示。对键槽进行修剪处理。

按下状态栏上的"线宽"按钮,结果如图2－4－1所示。

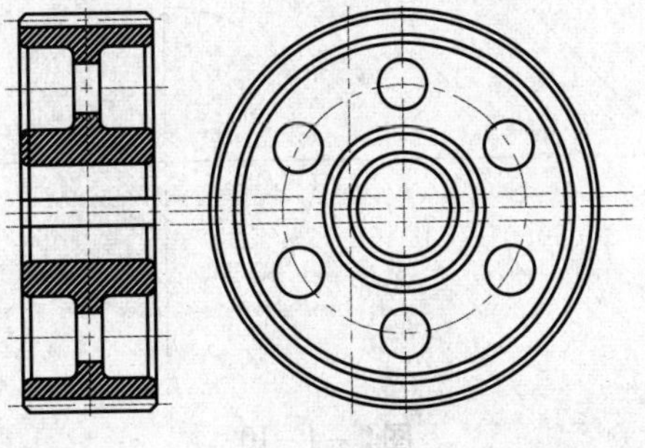

图2－4－8

任务二　实战演练　圆锥齿轮

任务提示

本任务绘制圆锥齿轮。如图2－4－9所示。按照GB4459－84《机械制图——齿轮绘制法》规定,圆锥齿轮的轮齿在平行于齿轮轴线的投影面的视图中,一律按无剖面处理。齿顶线和齿根线均用粗实线绘制;分度线用细点划线绘制。在垂直于齿轮轴线的投影面的视图中,只绘制出大端的齿顶圆和分度圆,齿根圆可以不绘制出来;小端齿顶圆绘制出来,分度圆和齿根圆可以不绘制出来;齿顶圆用粗实线绘制;分度线用细点划线绘制。

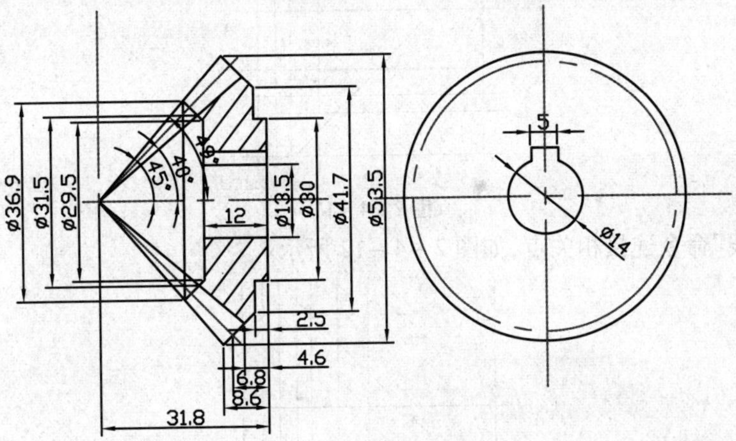

图2－4－9

任务点拨

1. 根据零件尺寸采用标准A3图纸,单击"文件"菜单中的"新建"选项,打开"国标A3"样板图;设置图层、线型、线宽、颜色。

2. 用"直线"和"旋转"命令,绘制中心线和分度圆。如图2－4－10所示。

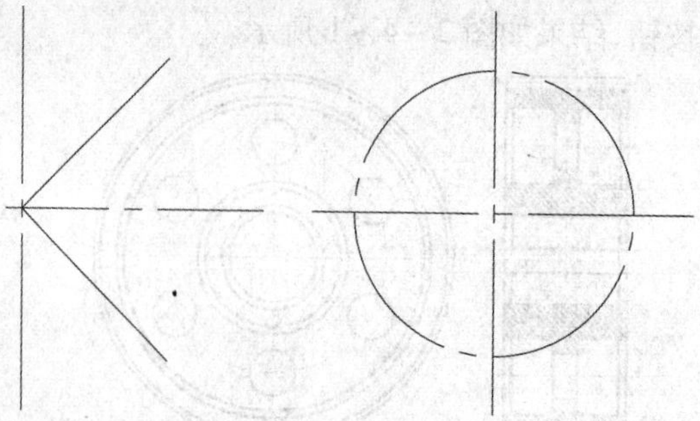

图 2-4-10

3. 绘制辅助线，用“偏移”命令把主视图中水平中心线分别向下偏移 6.75、14.75、15、18.45、20.85、26.75 个单位，向上偏移 11.75 个单位。把垂直中心线分别向右偏移 31.8、29.3、27.2、25、23.2、19.8、16 个单位。如图 2-4-11 所示。

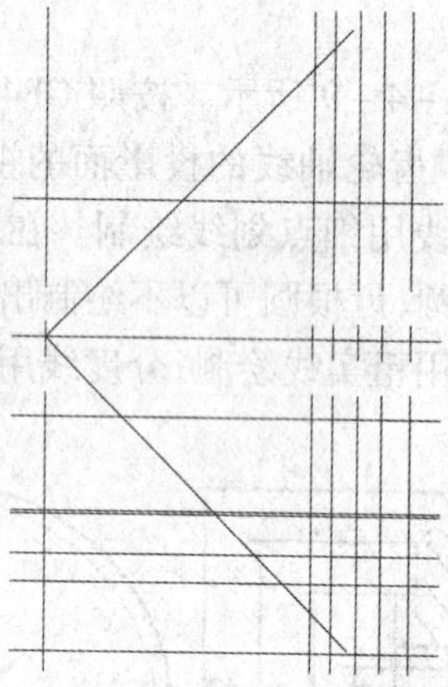

图 2-4-11

5. 用“直线”命令连接相关点，如图 2-4-12 所示。

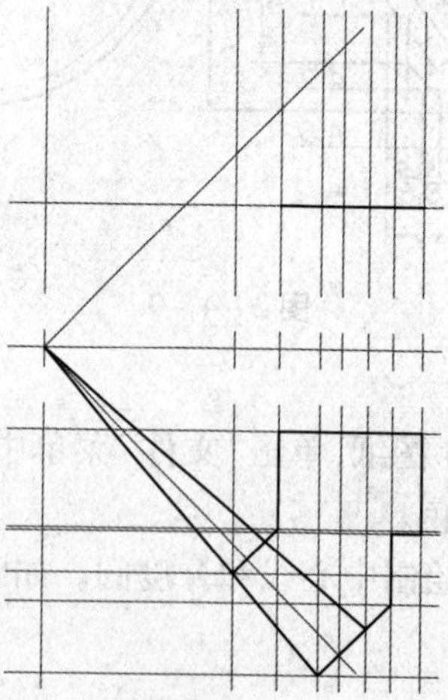

图 2-4-12

6. 用“删除”命令删除不用的辅助线，用“镜像”命令，以水平中心线为轴，镜像主视图的下半部分，并用“直线”命令连接相关点。

7. 用“图案填充”命令，绘制剖面线。如图 2－4－13 所示。

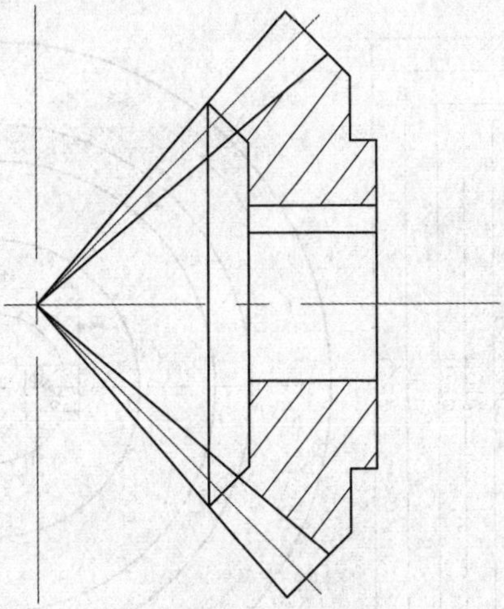

图 2－4－13

8. 绘制左视图，用“圆”命令，以两条中心线交点为圆心绘制直径为 53.5 和 14 个单位的圆；用“偏移”命令把水平中心线向上偏移 11.75 个单位，把垂直中心线分别向左、右偏移 2.5 个单位；用“修剪”命令修剪多余的线段。如图 2－4－14 所示。

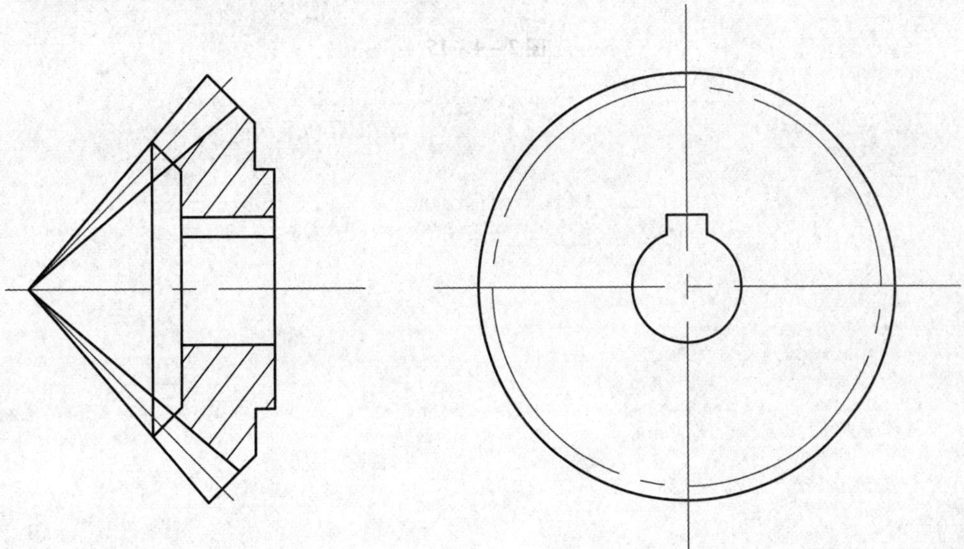

图 2－4－14

任务三 举一反三 蜗轮

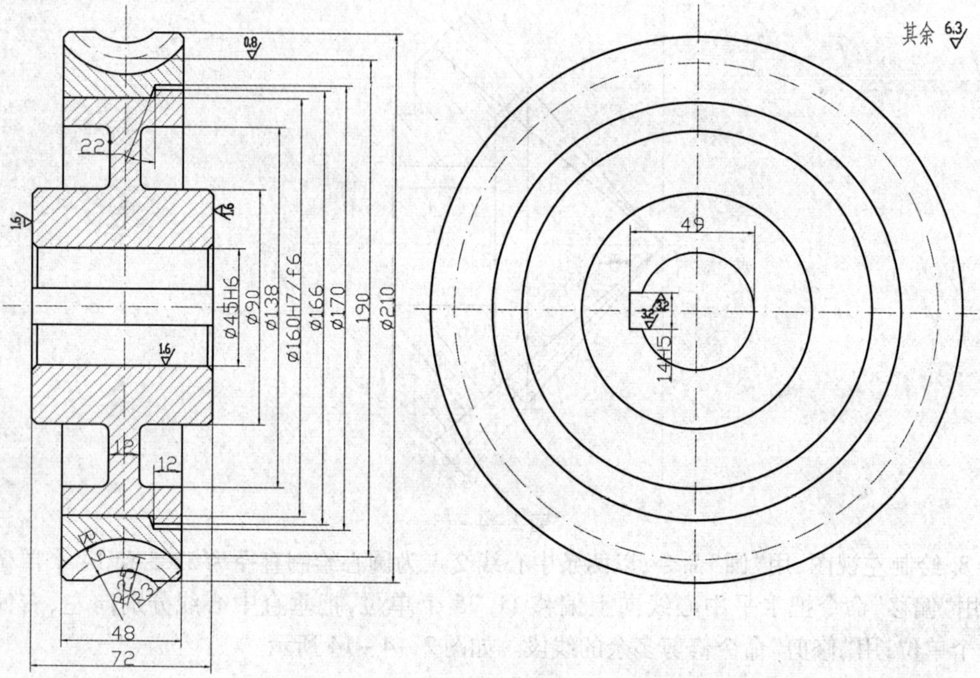

图 2-4-15

模块五 弹簧及轴承类零件绘制

本模块实例主要讲解弹簧及轴承零件的绘制。弹簧及轴承类零件是机器中的辅助零件。通过本项目实例的详细讲解，让读者在很短的时间内掌握弹簧及轴承类零件的绘制方法。

任务一 全面讲解 弹簧

任务分析

本任务实例绘制弹簧，如图 2－5－1 所示。本任务在绘制过程中，将用到"圆"、"直线"、"移动"、"旋转"、"修剪"、"复制"、"图案填充"等命令。

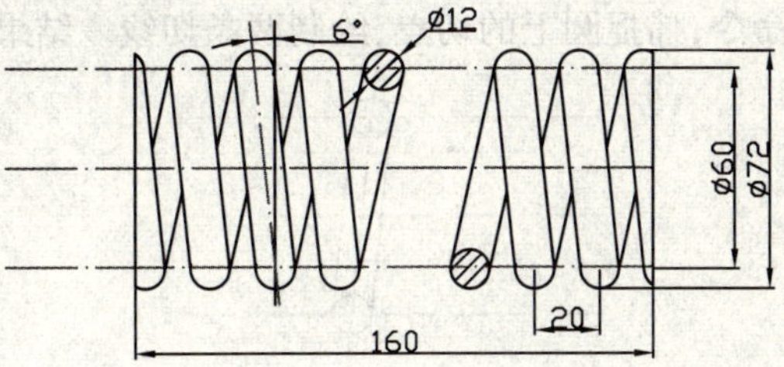

图 2－5－1

任务重点

旋转、复制等知识的运用。

任务步骤

第 1 步 用 LIMITS 命令设置图幅：A4（297×210），横放。单击"图层特性管理器"按钮，在"图层特性管理器"对话框中，设置"粗实线层"、"中心线层"、"细实线层"等，线型、颜色、线宽等设置。

第 2 步 在"中心线层"绘制中心线。用"直线"命令，以原点为起点，绘制长为 200 个单位的中心线；用"偏移"命令，将刚绘制的中心线分别向上、下偏移 30 个单位，结果如图 2－5－2 所示。

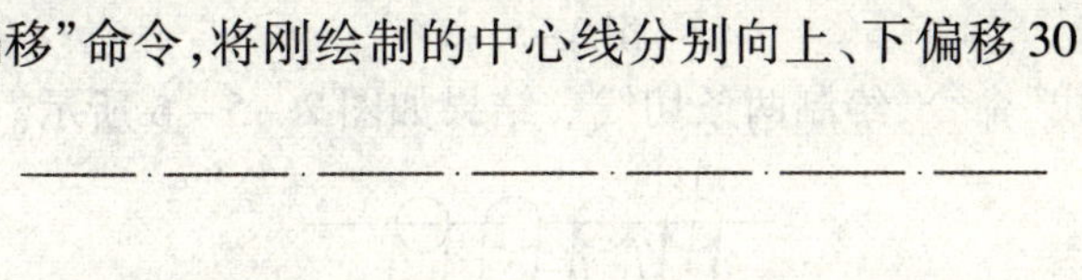

图 2－5－2

第 3 步 用"直线"命令，绘制一条倾斜中心线。结果如图 2－5－3 所示。

命令：line↙

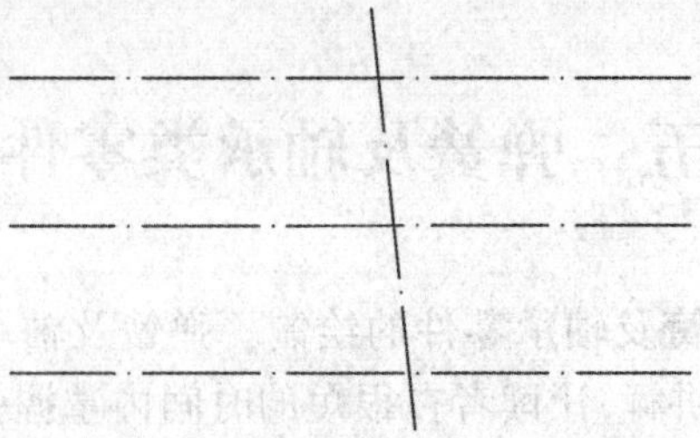

图2－5－3

命令:_line 指定第一点:40, －50↙

指定下一点或[放弃(U)]:@100<96↙

指定下一点或[放弃(U)]:↙

第4步　把“粗实线层”调整为当前层,用“圆”命令分别以上、下两条中心与斜中心的交点为圆心绘制半径为6个单位的圆。

第5步　用“直线”命令,捕捉圆上的切点,绘制两条切线。结果如图2－5－4所示。

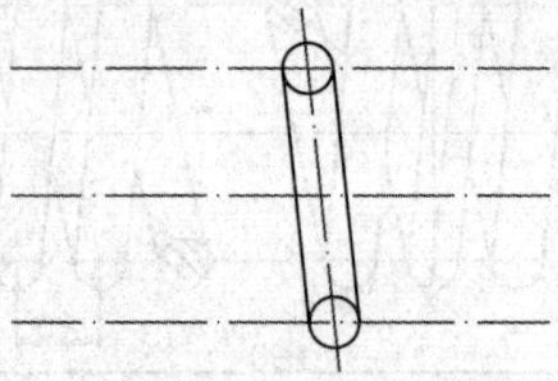

图2－5－4

第6步　用“阵列”命令,把两圆和两条切线进行矩形阵列,行数为1,列数为4,列间距为20。结果如图2－5－5所示。

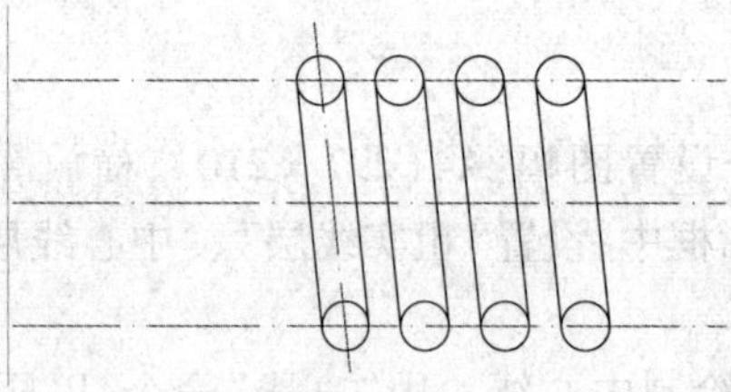

图2－5－5

第7步　用“直线”命令,绘制两条切线。结果如图2－5－6所示。

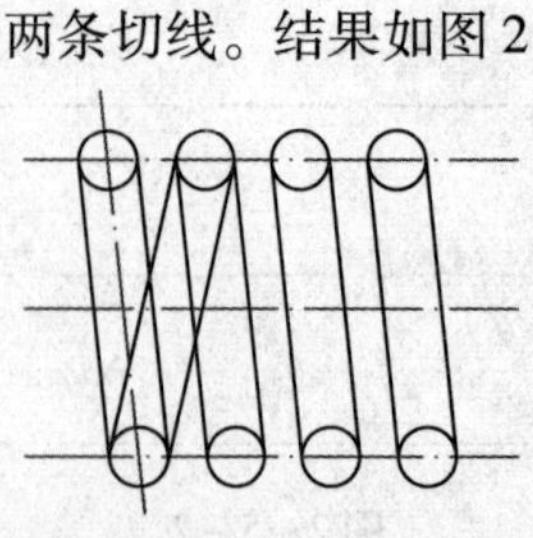

图2－5－6

第8步　用“阵列”命令,把两条切线进行矩形阵列,行数为1,列数为4,列间距为20。

结果如图 2-5-7 所示。

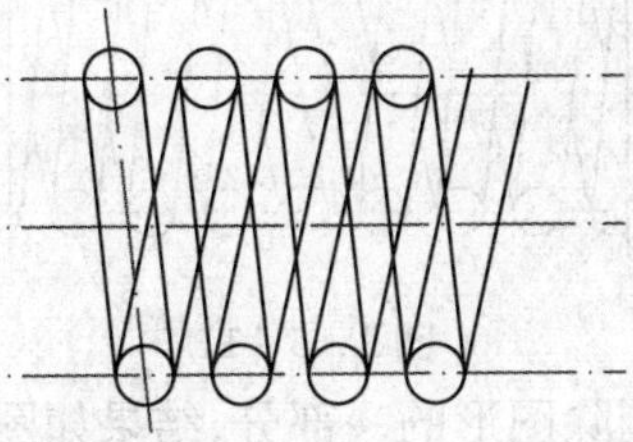

图 2-5-7

第 9 步 用“复制”命令，把得到图形中上边最右边的圆进行复制，圆为基点、复制距离为 20 个单位。结果如图 2-5-8 所示。

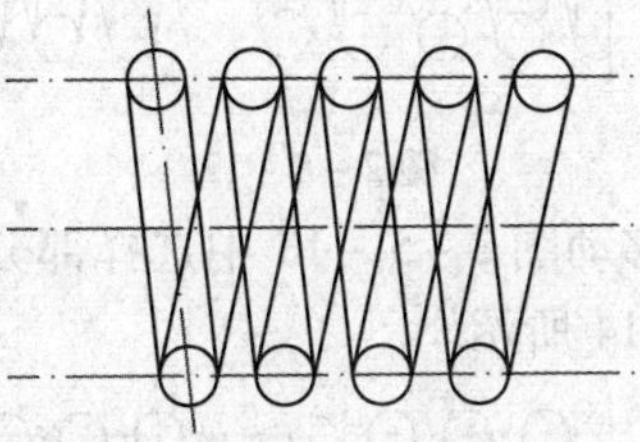

图 2-5-8

第 10 步 用“直线”命令，过中间水平中心线与斜中心线的交点绘制一条垂直线；用“修剪”、“删除”命令，修剪图形。结果如图 2-5-9 所示。

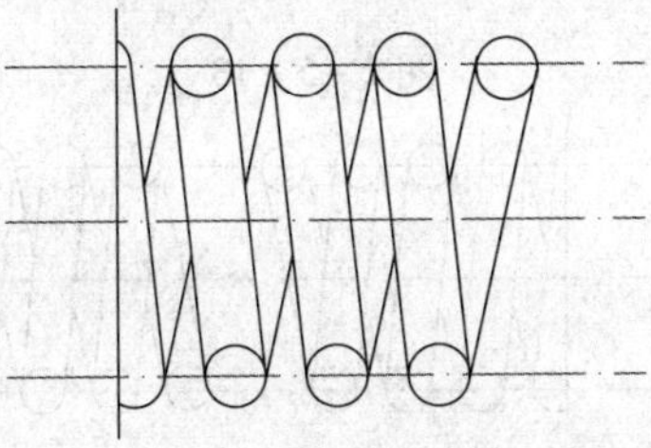

图 2-5-9

第 11 步 用“复制”命令，将绘制的实体图形进行复制，基点为左边垂直线和中间中心线的交点。位移点为（@160，0），结果如图 2-5-10 所示。

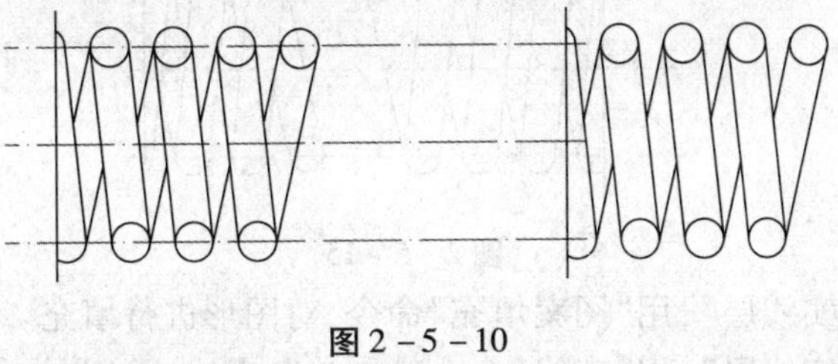

图 2-5-10

第 12 步 用“旋转”命令，捕捉复制后垂直线和中间中心线的交点为基点，将复制的图形旋转 180 度。结果如图 2-5-11 所示。

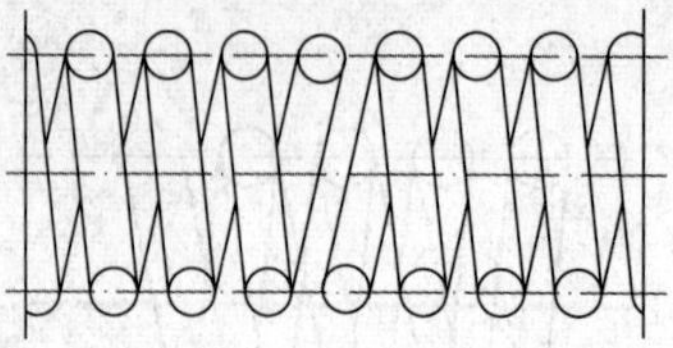

图 2－5－11

第 13 步　用“删除”命令，删除图形的一部分，结果如图 2－5－12 所示。

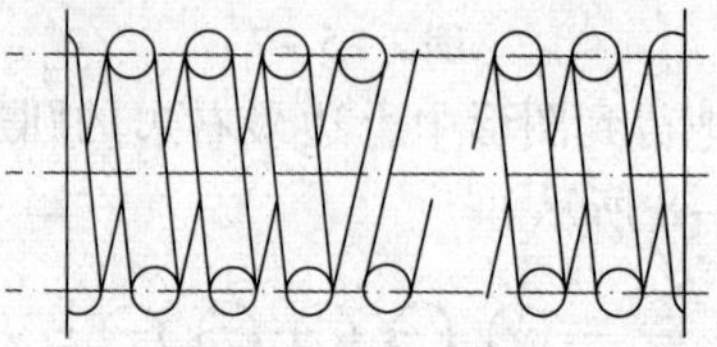

图 2－5－12

第 14 步　用“移动”命令，移动图 2－5－13 中选择部分，以选择的圆心为基点，向右移动 20 个单位。结果如图 2－5－14 所示。

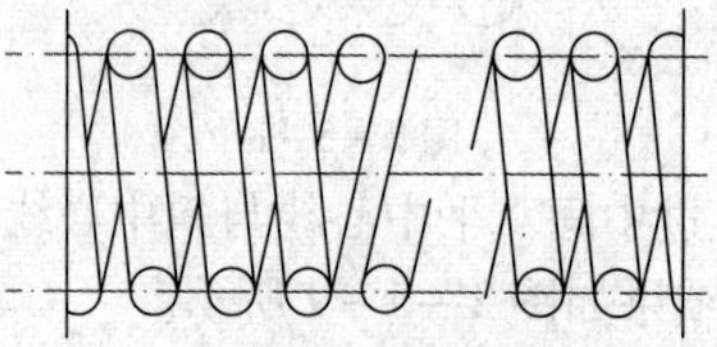

图 2－5－13

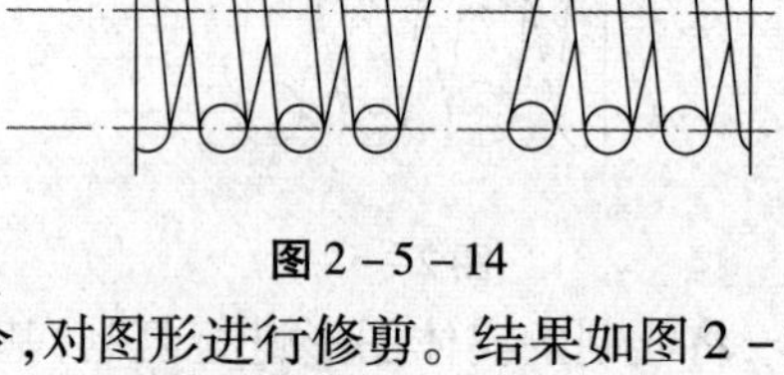

图 2－5－14

第 15 步　用“修剪”命令，对图形进行修剪。结果如图 2－5－15 所示。

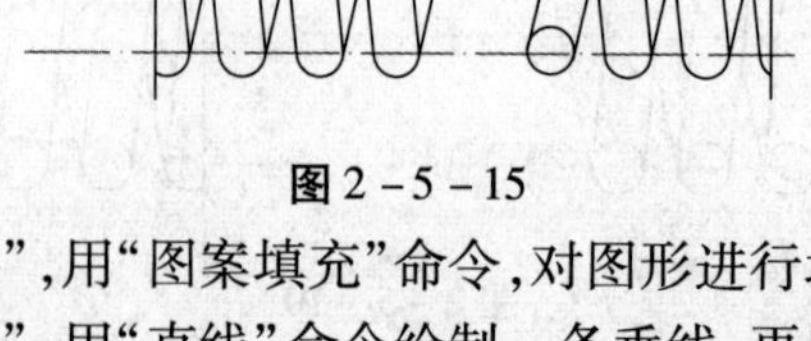

图 2－5－15

第 16 步　在“细实线层”，用“图案填充”命令，对图形进行填充。

第 17 步　在“粗实线层”，用“直线”命令绘制一条垂线，再用“旋转”的复制选项将垂线向左侧旋转复制 6 度，最后将旋转后的垂线转换为中心线。打开状态栏上的“线宽”按钮，结果如图 2－5－16 所示。

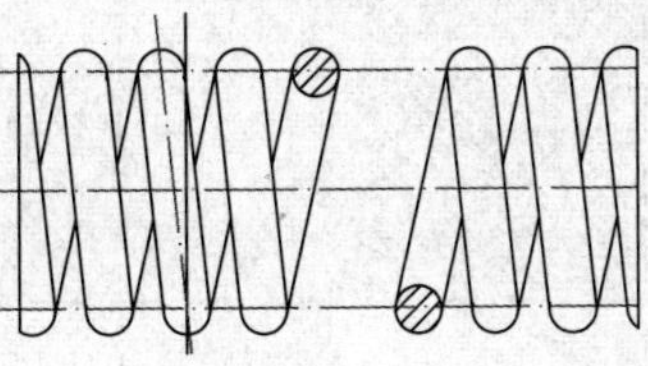

图 2 - 5 - 16

任务二　实战演练　滚动轴承

任务提示

本任务绘制滚动轴承。如图 2 - 5 - 17 所示。该图形的主视剖面图呈轴对称形状，左视图呈中心对称。绘制过程分为两个阶段，先绘制主视图，再绘制左视图。

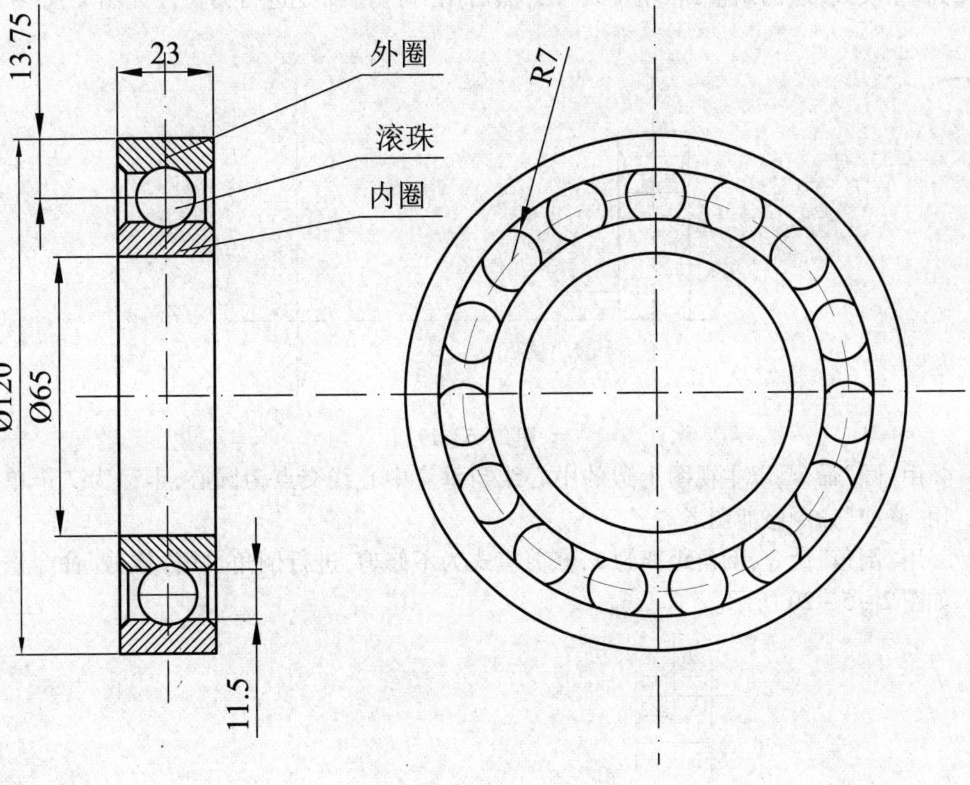

图 2 - 5 - 17

任务点拨

1. 根据零件尺寸采用标准 A4 图纸；设置图层、线型、线宽、颜色。

2. 用“直线”命令，绘制中心线和分度圆。如图 2 - 5 - 18 所示。

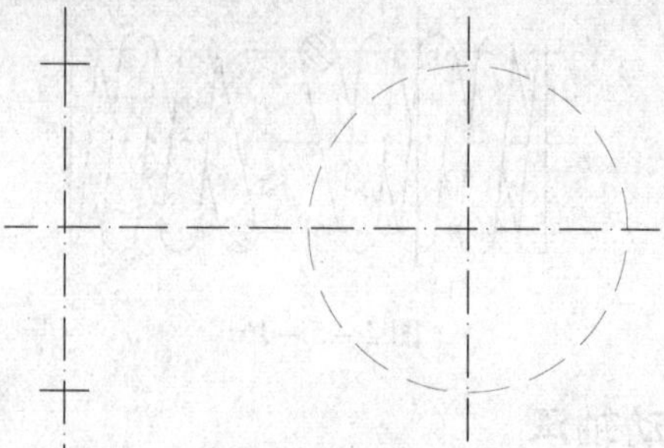

图 2-5-18

3. 用“偏移”命令，分别把左边的中间水平中心线向上偏移 32.5、40.5、46.25、52、60 个单位，把左边垂直中心线分别向左、右偏移 11.5 个单位和 9.5 个单位，把偏移后的线段需要调整到“粗实线”层的调整到“粗实线”层，然后用“修剪”命令进行修剪。如图 2-5-19 所示。

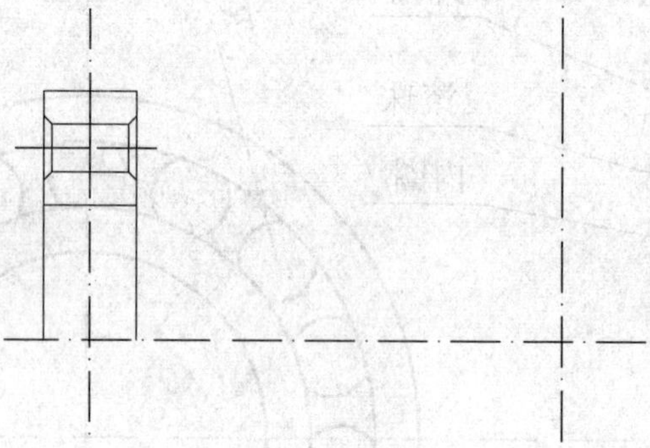

图 2-5-19

4. 用“圆”命令，以主视图上边的中心线与垂直中心线交点为圆心，半径为 7 个单位画圆。用“修剪”命令修剪图形。

5. 用“倒角”命令，倒角距离为 2，修剪模式为不修剪，进行倒角。用“修剪”命令修剪图形。如图 2-5-20 所示。

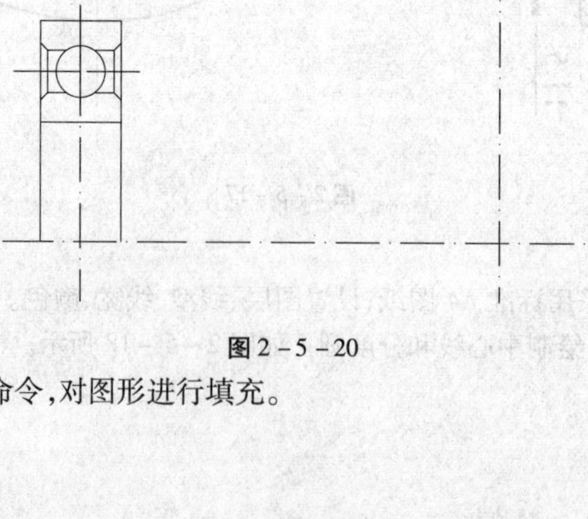

图 2-5-20

6. 用“图案填充”命令，对图形进行填充。

7. 用“镜像”命令，对主视图的上半部分进行镜像。如图 2－5－21 所示。

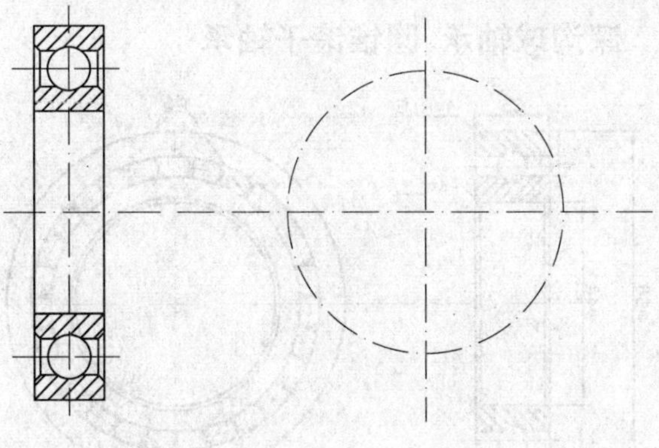

图 2－5－21

8. 用“圆”命令，以左视图中心线的交点为圆心，分别以 32.5、40.5、52、60 个单位为半径画圆，以圆中心线与水平中心的交点为圆心，7 个单位为半径画圆。用“修剪”命令修剪图形。如图 2－5－22 所示。

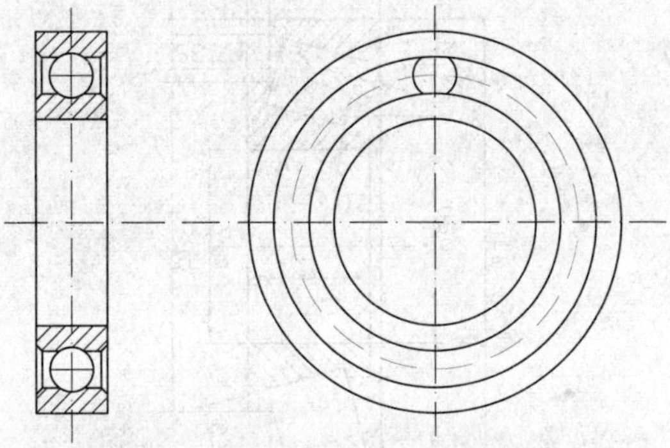

图 2－5－22

9. 用“阵列”命令，把半径为 7 个单位的两个圆弧进行阵列，以中心线的交点为阵列中心，将圆弧进行环形阵列，项目总数为 15。如图 2－5－23 所示。

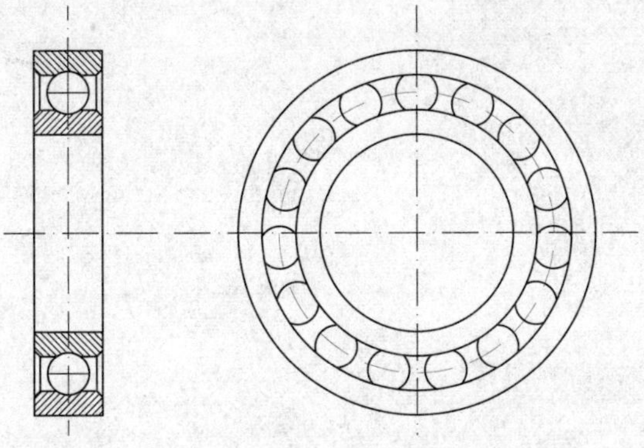

图 2－5－23

任务三　举一反三　深沟球轴承、圆锥滚子轴承

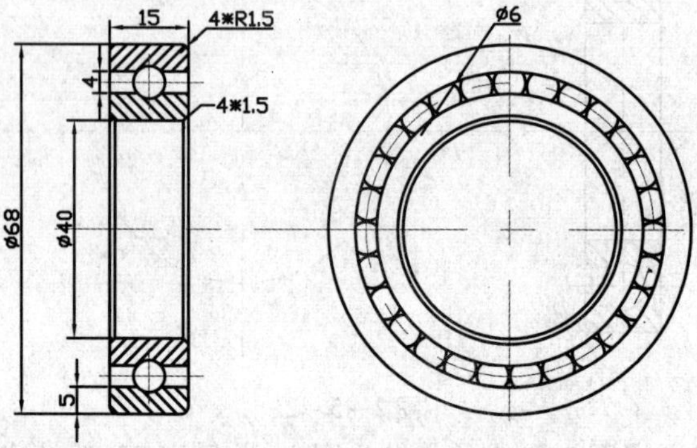

图 2－5－24　深沟球轴承

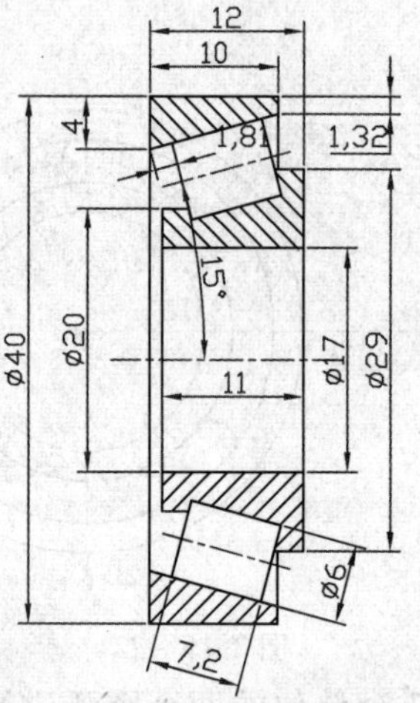

2－5－25　圆锥滚子轴承

项目三　高级二维绘图技巧

本项目主要介绍AutoCAD的三视图和轴测的绘制思路和技巧。将人的视线规定为平行投影线,然后正对着物体看过去,将所见物体的轮廓用正投影法绘制出来的图形称为视图。一个物体有六个视图:从物体的前面向后面投射所得的视图称主视图——能反映物体的前面形状,从物体的上面向下面投射所得的视图称俯视图——能反映物体的上面形状,从物体的左面向右面投射所得的视图称左视图——能反映物体的左面形状,还有其它三个视图不是很常用。三视图就是主视图、俯视图、左视图的总称。

一个视图只能反映物体的一个方位的形状,不能完整反映物体的结构形状。三视图是从三个不同方向对同一个物体进行投射的结果,另外还有如剖面图、半剖面图等做为辅助,基本能完整地表达物体的结构。

轴测图是一种单面投影图,在一个投影面上能同时反映出物体三个坐标面的形状,并接近于人们的视觉习惯,形象、逼真,富有立体感。但是轴测图一般不能反映出物体各表面的实形,因而度量性差,同时作图较复杂。因此,在工程上常把轴测图作为辅助图样,来说明机器的结构、安装、使用等情况,在设计中,用轴测图帮助构思、想象物体的形状,以弥补正投影图的不足。

模块一　零件三视图的绘制

本模块实例主要讲解机械零件三视图(主、俯、左视图)的绘制。通过此项目的学习,熟悉机械零件三视图(主、俯、左视图)的绘制方法与技巧,学会利用“构造线”——即“辅助线”方法和对象捕捉、对象追踪的方法,来保证三视图的三等关系,提高绘图速度。

任务一　全面讲解　阀体三视图

任务分析

本实例绘制阀体三视图,如图3-1-1所示。绘制此图形,首先就利用形体分析方法,读懂图形,弄清图形结构和各图形间的对应关系。此阀体可分为四部分,长方体的底座,上部的圆柱筒、两侧的筋板和前部带圆孔的长方体立板,空心圆筒位于长方形板的正上方,筋板对称分布在圆筒的左右两侧。画图时按每个结构在三个视图中同时绘制,不要一个视图画完之后再去画另一个视图。

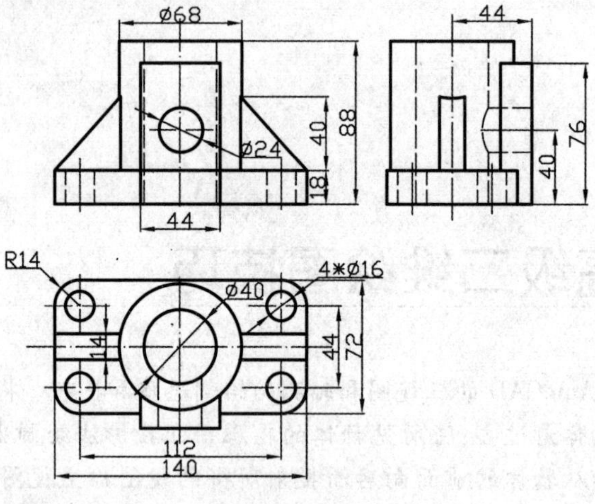

图 3－1－1

绘制该图形时,应首先绘制出中心线,确定出主、俯、侧三个视图的位置,然后绘制底板的外形结构,其次绘制圆筒,再次绘制两侧的筋板,前部立板,最后绘制各个结构的细小部分。

任务重点

基本绘图命令、编辑命令、环境设置和图层设置知识。

任务步骤

1. 设置绘图环境

第 1 步　用 LIMITS 命令设置图幅:A3(420×297),横放。并启用"对象捕捉",右击状态栏的"对象捕捉"按钮(或单击"工具"菜单中的"草图设置"命令),在"草图设置"中单击"对象捕捉"选项卡,选择"端点"、"中点"、"圆心"、"交点"等,如图 3－1－2 所示。

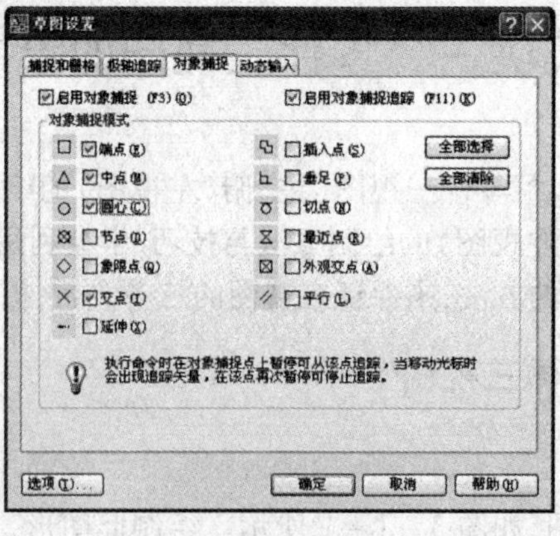

图 3－1－2

2. 设置图层。单击“图层特性管理器”按钮,在“图层特性管理器”对话框中,设置“绘图层”、“中心线层”、“虚线层”、“辅助线层”等,线型、颜色、线宽如图 3-1-3 所示。

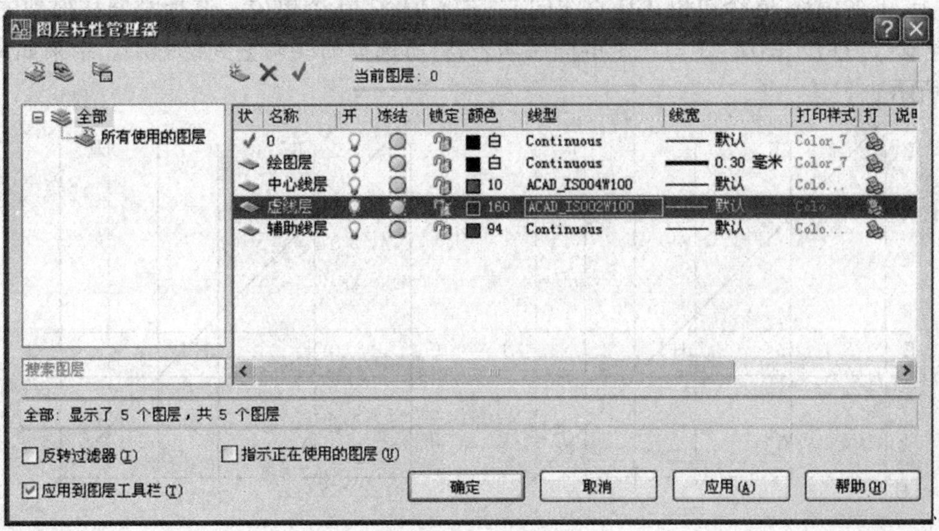

图 3-1-3

3. 绘制中心线、基准线、辅助线。

第 1 步　选择“中心线层”,用“直线”命令绘制主视图和俯视图的左右对称中心线 BE,俯视图的前后对称中心线 FA,左视图的前后对称中心线 CD,再选择“绘图层”,绘制主、左视图的底面基准线 GH、IJ。

第 2 步　选择“辅助线层”用“构造线”命令通过 FA 与 CD 的交点 C,绘制一条 -45 度的构造线。结果如图 3-1-4 所示。

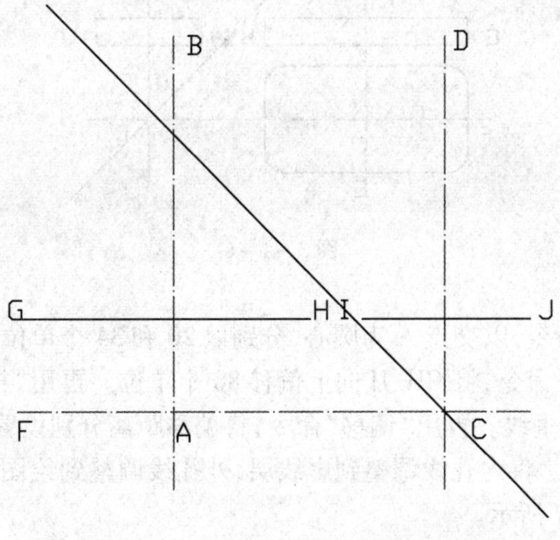

图 3-1-4

4. 绘制底板外形。绘制底板时,可暂时画出其大致结构,等整个图形的大体结构绘制完成后,再绘制细小部分。

第 1 步 用“偏移”命令,将 GH、IJ 向上偏移 18 个单位,AB 向左、右各偏移 70 个单位,FA 向上、下各偏移 36 个单位,CD 直线向左、右各偏移 36 个单位。选择刚偏移得到的点画线型轮廓线,打开“图层”工具栏上的图层列表,将所选择的线调整到绘图层。结果如图 3 - 1 - 5 所示。

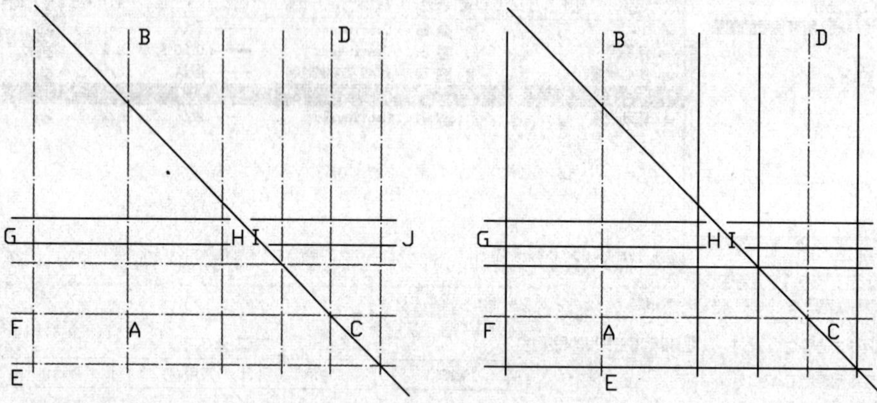

图 3 - 1 - 5

第 2 步 用“修剪”、“删除”、“圆角”命令修剪完成三个视图底板外轮廓绘制。结果如图 3 - 1 - 6 所示。

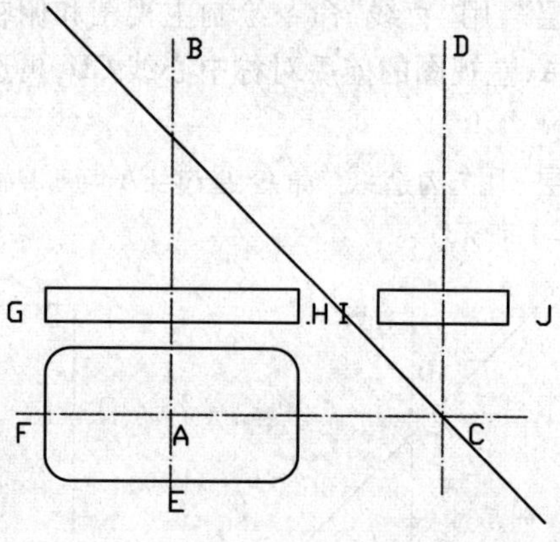

图 3 - 1 - 6

5. 绘制上部圆筒。

第 1 步 用“圆”命令,以交点 A 为圆心,分别以 20 和 34 个单位为半径绘圆。

第 2 步 用“偏移”命令,将 GH、IJ 向上偏移 88 个单位。再用“构造线”命令,捕捉俯视图上 1、2、3、4 点绘制铅垂线。再用“偏移”命令,将偏移距离分别设置为 20 和 34 个单位,对中心线 CD 向两侧偏移。将内孔线调整到虚线层,外孔线调整到绘图层,用“修剪”命令修剪视图,结果如图 3 - 1 - 7 所示。

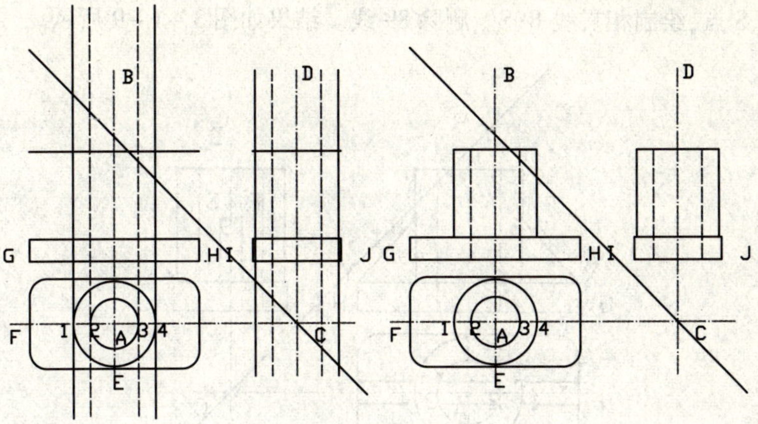

图3-1-7

6. 绘制左右筋板

第1步 俯视图、左视图上偏移筋板前后投影。用“偏移”命令,将中心FC分别向上、下各偏移7个单位,将中心线CD分别向左、右偏移7个单位,并把偏移后的线条调整到“绘图层”。

第2步 确定筋板在主视图、左视图上的最高位置的辅助线。用“偏移”命令,将GH、IJ向上偏移58个单位,得到辅助直线PQ、RS。

第3步 主视图中,确定筋板的最高位置点。用“构造线”命令,捕捉交点5,绘制铅垂线,铅垂线与PQ的交点为6,直线56即是圆筒在主视图上的内侧线位置。结果如图3-1-8所示。

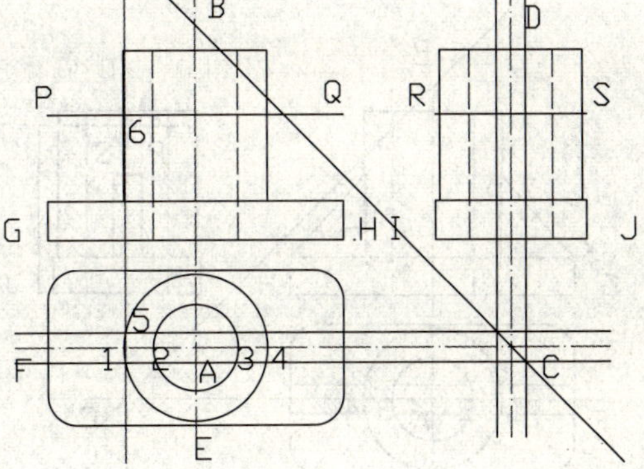

图3-1-8

第4步 绘制主视图上筋板斜面投影。用“直线”命令,画线连接点6和点X。

第5步 用“修剪”命令修剪三个视图中多余的线段。

第6步 用“镜像”命令,以中心线AB为轴线镜像6X、56线,用“修剪”修剪多余的线段。

第7步 绘制左视图中筋板与圆筒相交弧线R9S。用“构造线”命令,选择“水平”选项,捕捉圆筒右侧转向轮廓线与右筋板交点8,绘制水平线,与CD交点为9。用“圆弧”命令,捕捉 R 点、9 点、S 点，绘制相贯线 R9S。删除 89 线。结果如图 3－1－9 所示。

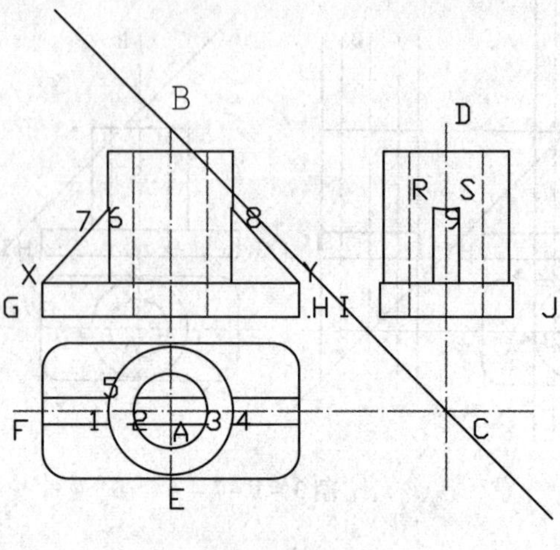

图 3－1－9

7. 绘制前部立板

第 1 步　绘制前部立板外形的已知线。用“偏移”命令，把中心线 AB 分别向左、右偏移 22 个单位，绘制主视图和俯视图中前板的左右轮廓线。再用“偏移”命令，把 GH、IJ 分别向上偏移 76 个单位，绘制前板上表面在主视图、左视图中的投影轮廓线。然后再用“偏移”命令，把中心线 FC 向下偏移 44 个单位，把中心线 CD 向左偏移 44 个单位。绘制俯视图和左视图中得到前部立板在俯视图和左视图中的前表面的投影。最后把偏移所得线条调整到“绘图层”，用“修剪”和“倒角”命令修剪图形。结果如图 3－1－10 所示。

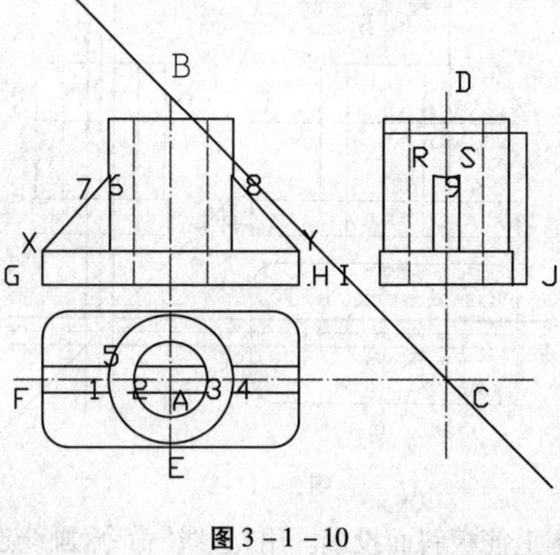

图 3－1－10

第 2 步　绘制左视图前部立板与圆筒交线 UV。同时打开“对象捕捉”、“正交”、“对象追踪”，用“直线”命令，当命令提示“指定第一点”时，以 10 点附近移动鼠标，当出现交点标记时向左移动鼠标，出现追踪蚂蚁线，移到 －45 度辅助线上出现交点标记时单击鼠标左键。再向上移动鼠标，在左视图上方单击，绘制出垂线 UV。结果如图 3－1－11 所示。

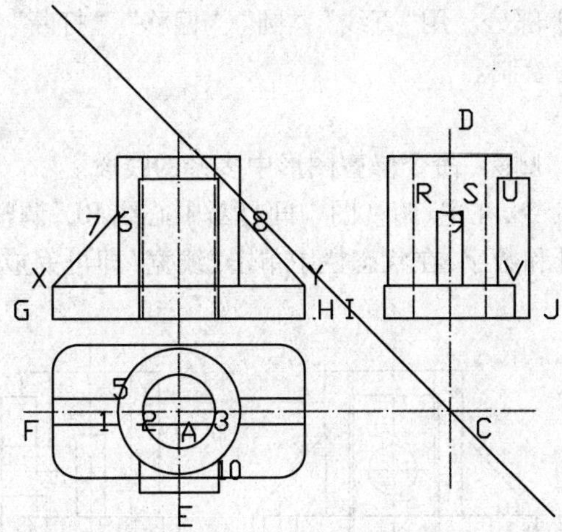

图 3-1-11

第 3 步　绘制前部立板圆孔。

A. 用“偏移”命令把 HG、IJ 直线向上偏移 40 个单位，再将偏移所得到的直线调整到中心层，再调整合适的长短；

B. 用“圆”命令，以交点 Z 为圆心，12 个单位长为半径绘制主视图中孔的投影；

C. 用“偏移”命令，将 AE 中心线分别向两侧偏移 12 个单位。将偏移后的线段改为虚线层，修剪到合适的长短。

D. 用“偏移”命令，将 MN 线分别向上、下各偏移 12 个单位。将偏移后的线段改为虚线层，修剪到合适的长短。

E. 在“辅助层”，利用第 2 步的方法，捕捉 11 点，绘制左视图中垂直线 13，得到与中心线的交点 13。在“虚线层”，用“圆弧”命令，通过点 12、13、14 画弧，即可得到相贯线。结果如图 3-1-12 所示。

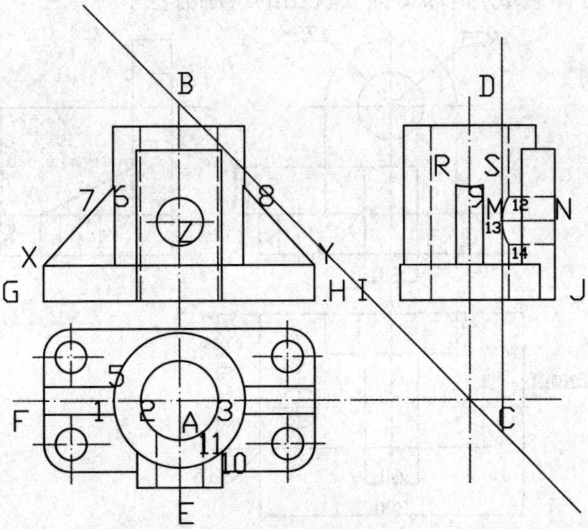

图 3-1-12

8. 完成图形中的细小部分。用“直线”、“圆”、“偏移”、“打断”、“修剪”等命令完成底板四个圆孔在三个视图中的绘制。

9. 编辑图形

第 1 步　用“修剪”、“删除”命令修剪图形中多余的线段。

第 2 步　用“打断”命令,在主、俯视图中间打断中心线 BE,调整图中的各中心线到合适的长度。删除图中的字母和数字,在状态栏中单击“线宽”即可完成全图。结果如图 3 - 1 - 13 所示。

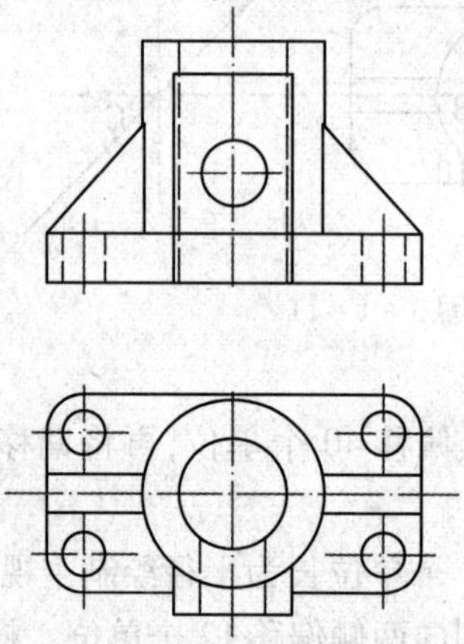

图 3 - 1 - 13

任务二　实战演练　轴承座三视图

任务提示

本任务教读者绘制轴承座三视图,如图 3 - 1 - 14 所示。由图可知,该轴承座是由底座、筋板、和带半圆的长方体组成,熟练掌握三视图的绘制方法。

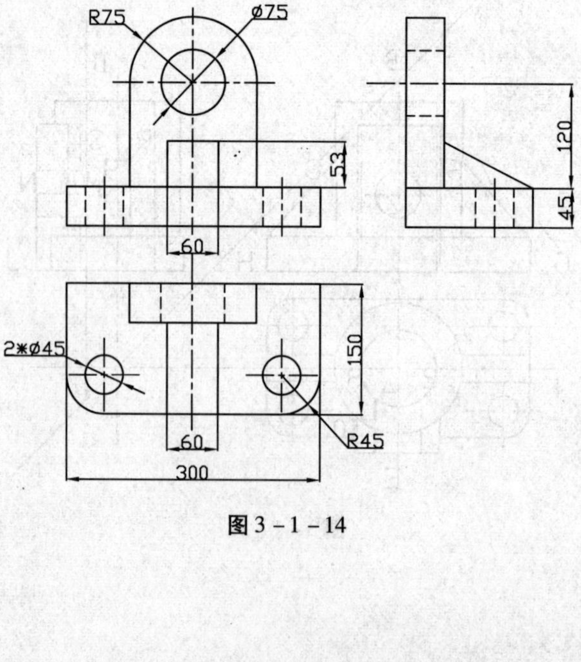

图 3 - 1 - 14

任务点拨

1. 设置等轴图绘图环境

A. 图幅设置。

B. 对象捕捉设置。

2. 绘制中心线等基准线和辅助线。

3. 绘制底座外形。

4. 绘制上部带半圆的长方体。

5. 绘制筋板。

6. 绘制三个视图细小部分,并修剪图中多余的线段。

7. 整理完成图形。

任务三　举一反三　洞身

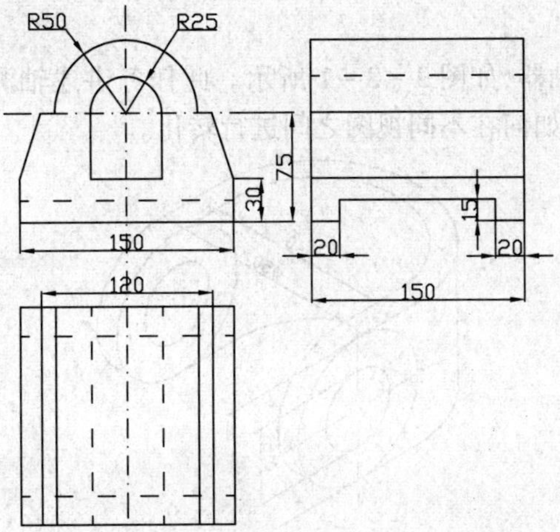

图 3－1－15

模块二 轴测图的绘制

本模块实例主要讲解轴测图的绘制。轴测图又称立体图,常用的有正等测和斜二测。AutoCAD 在绘制正等轴测图时,专门设置了“等轴测捕捉”的栅格捕捉方式。画斜二测轴测图时利用45 度极轴追踪很容易绘制。所以这里只介绍正等轴测图的绘制方法。

轴测图是一种二维的绘图技术,它是用二维方式来描述一个三维物体,模拟三维对象沿特定视点产生三维平行投影图。通过此项目的学习,有助于读者掌握相关的 AutoCAD 三维制图原理的相关知识。

任务一 全面讲解 万向联轴器

任务分析

本实例绘制万向联轴器,如图 3－2－1 所示。此任务讲述轴测图中有关捕捉、栅格、椭圆绘制的一些相关知识;如何在不同视图之间进行转化。

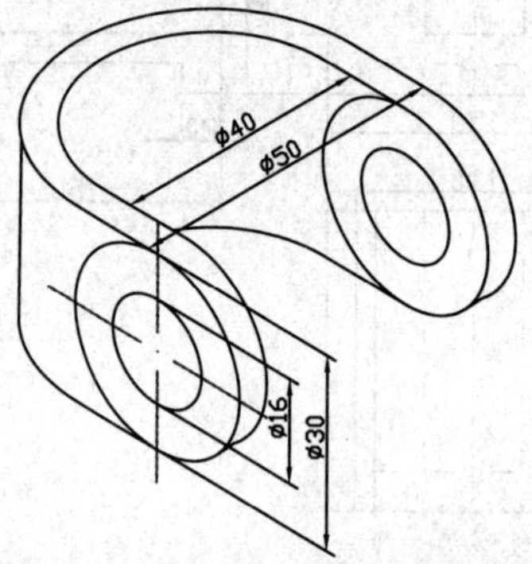

图 3－2－1

任务重点

捕捉、栅格、椭圆等命令的运用。

任务步骤

1. 设置等轴图绘图环境

第 1 步 用 LIMITS 命令设置图幅:297×210。

第 2 步 捕捉、栅格设置。右击状态栏的“捕捉”或“栅格”按钮(或单击“工具”菜单中的“草图设置”命令),单击“设置”,弹出如图 3－2－3 所示的“草图设置”对话框,在“捕捉和删格”选项卡中设置“捕捉”和“栅格”属性,选择其中的“启用捕捉”、“启用栅格”、“等轴测捕捉”,捕捉 Y 轴间距和栅格 Y 轴间距均设为 5,单击“确定”即可。

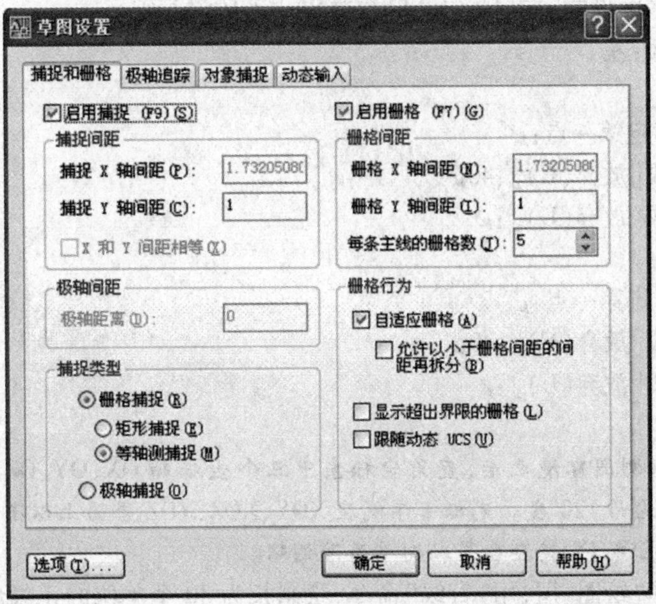

图 3－2－3

第 3 步　缩放图形

命令:zoom↙

指定窗口的角点,输入比例因子(nX 或 nXP),或者

[全部(A)/中心(C)/动态(D)/范围(E)/上一个(P)/比例(S)/窗口(W)/对象(O)]<实时>:c↙

指定中心点:90,60↙

输入比例或高度<89.8759>:90↙

2. 绘制等轴测图

第 1 步　用“等轴测平面”命令 ISOPLANE,将等轴测平面设置为左面(YOZ 平面)。将图层设为“中心线”层,绘制两条 40 个单位长度的相交直线,其中一条为竖直线,另一条为斜线,如图 3－2－4 所示。

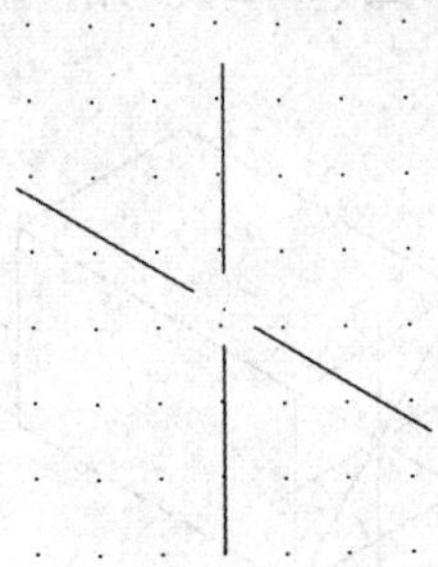

图 3－2－4

命令:isoplane↙

当前等轴测平面:左

输入等轴测平面设置[左(L)/上(T)/右(R)] <上>:l↙
当前等轴测面:左
命令:line↙
命令:_line 指定第一点:↙
指定下一点或[放弃(U)]:40↙
指定下一点或[放弃(U)]:↙
命令:line↙
命令:_line 指定第一点:↙
指定下一点或[放弃(U)]:40↙
指定下一点或[放弃(U)]:↙

注意:

在设置了等轴测图环境之后,直角坐标系中三个坐标轴 OX、OY、OZ 画面正等轴测图上,它们的轴向角均为 120 度。光标十字线在 XOY、XOZ、YOZ 平面上以不同角度倾斜,读者可以通过 CTRL + E 或 F5 键在各等轴测平面间循环。

第 2 步　选择“绘图”层,用“直线”命令,绘制长为 30 个单位的正方形,连接正方形对角点。绘制直线就是用光标指定方向,然后输入长度,就可以得到需要的直线,结果如图 3-2-5 所示。

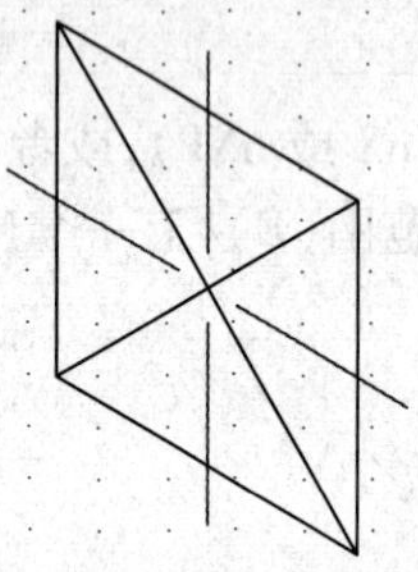

图 3-2-5

第 3 步　将等轴测平面设置为上平面(XOY)。用“直线”命令,绘制顶面平面,长度为 50 个单位;将等轴测平面设置为右平面(XOZ)。用“直线”命令,绘制侧面平面,长度为 50 个单位,结果如图 3-2-6 所示。

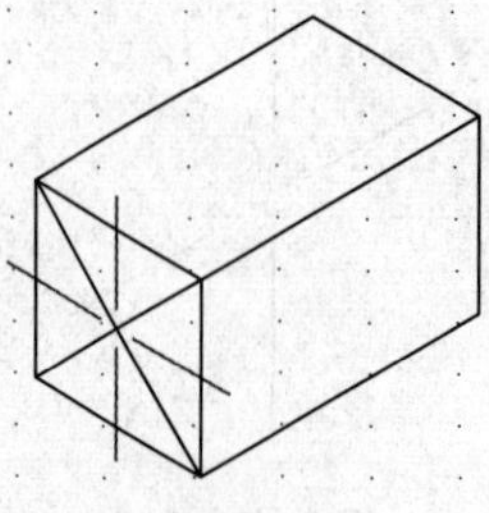

图 3-2-6

3. 完成测视图的绘制

第1步　将等轴测平面设置为上平面(YOZ)。用“椭圆”命令绘制椭圆(椭圆实际上是万向联轴器叉头孔的圆投影,在等轴测图里就变成椭圆)。

命令:_ellipse

指定椭圆轴的端点或[圆弧(A)/中心点(C)/等轴测圆(I)]:i

指定等轴测圆的圆心:　　　　　　//选择左平面的两斜线的交点

指定等轴测圆的半径或[直径(D)]://选择竖直中心线与正方形的交点

再用“椭圆”命令绘制半径为8个单位椭圆(圆心为左平面的两斜线的交点)。

第2步　将等轴测平面设置为上平面(XOY)。用“椭圆”命令,绘制上平面椭圆,椭圆心为上平面左上角直线的中点,半径分别为25和20个单位,结果如图3-2-7所示。

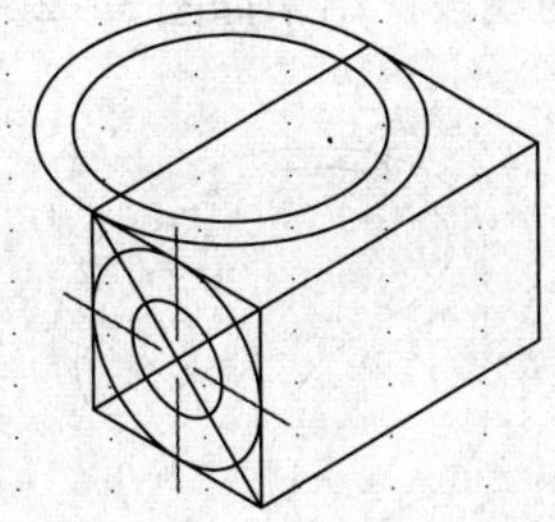

图3-2-7

第3步　用“修剪”命令对上表面多余的线条进行修剪;用“删除”命令删除多余的线条。结果如图3-2-8所示。

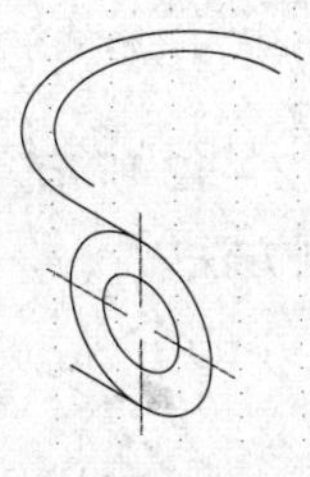

图3-2-8

第4步　用“复制”命令复制左平面的椭圆、上面的直线,复制上表面的外椭圆弧生成下表面椭圆弧。结果如图3-2-9所示。

图3-2-9

第5步　将等轴测平面设置为右平面(XOZ),用“直线”命令,绘制上下大圆弧的切线,再将等轴测平面设置为上平面(XOY),绘制左平面的切线。再用“修剪”命令修剪多余的元素。结果如图 3－2－10 所示。

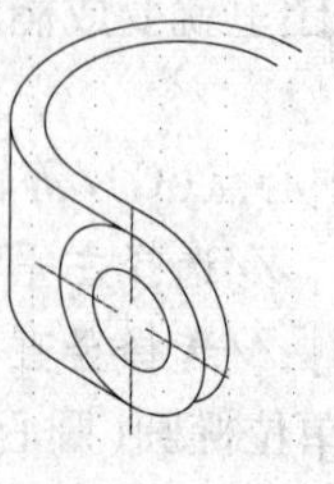

图 3－2－10

第 6 步　用“复制”命令，复制左边，生成右边的孔，复制上表面的小圆弧，生成下表面的小圆弧。用“修剪”命令修剪多余的线段。结果如图 3－2－11 所示。

图 3－2－11

任务二　实战演练　轴承座

任务提示

本任务教读者绘制轴承座，如图 3－2－12 所示。由图可知，该轴承座是由底座、筋板、和圆柱体组成，熟练掌握轴测图形的绘制方法。

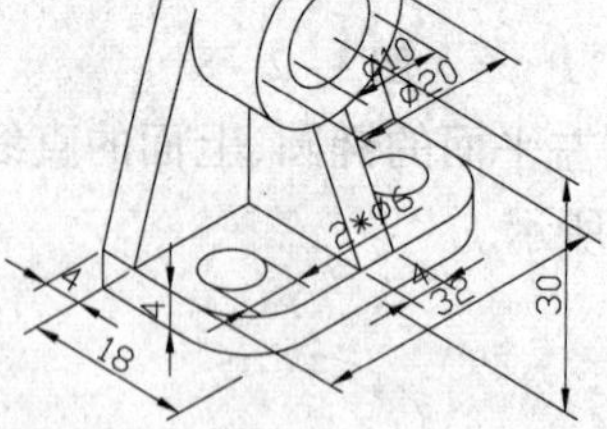

图 3－2－12

任务点拨

1. 设置等轴图绘图环境

A. 图幅设置。

B. 捕捉、栅格设置。

2. 用“直线”、“椭圆”、“修剪”、“复制”命令绘制底座。如图 3－2－13 所示。

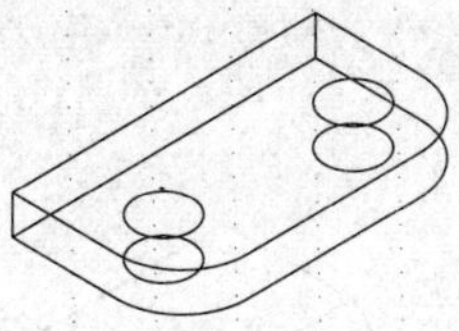

图 3-2-13

3. 用“椭圆”命令分别绘制 R5 和 R10 的圆；用“复制”命令复制两椭圆与前两个相距 12。用“直线”和“复制”命令绘制右平面的板子。

4. 用“直线”命令绘制直线，并用“修剪”和“删除”命令修剪多余的线段，结果如图 3-2-14 所示。

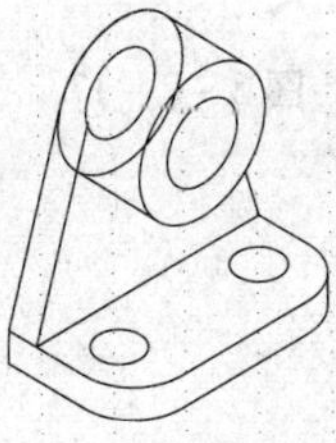

图 3-2-14

5. 用“直线”、“复制”绘制中间筋板，结果如图 3-2-15 所示；用“修剪”和“删除”命令修剪多余的线段，结果如图 3-2-16 所示。

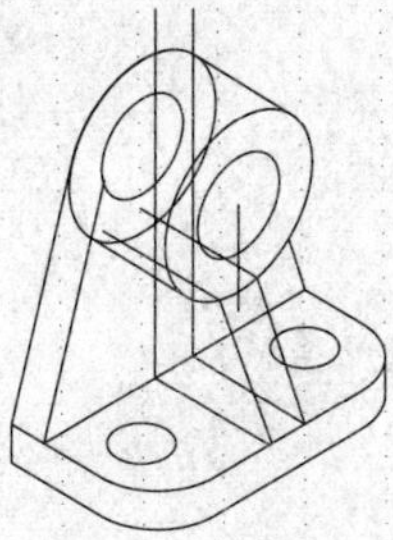

图 3-2-15

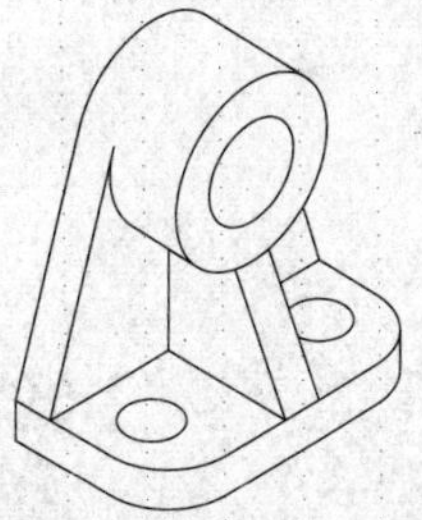

图 3-2-16

任务三　举一反三　托架

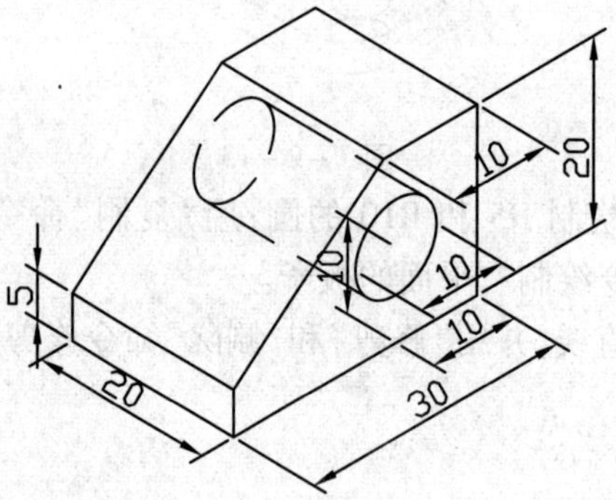

图3－2－17

项目四 尺寸、文字标注与表格

本项目主要介绍AutoCAD的尺寸标注、文字标注和表格功能。

尺寸标注是绘图设计过程当中相当重要的一个环节。因为图形的主要作用是表达物体的形状,而物体各部分的真实大小和各部分之间的确切位置只能通过尺寸标注来表达。因此,没有正确的尺寸标注,绘制出的图纸对于加工制造就没什么意义,AutoCAD提供了方便、准确的标注尺寸功能。

在我国的"工程制图国家标准"中,对尺寸标注的规则作了一些规定,要求尺寸标注必须遵守以下基本规则。

1. 物体的真实大小应以图形上所标注的尺寸数值为依据,与图形的显示大小和绘图的精确度无关。

2. 图形中的尺寸以毫米为单位时,不需要标注尺寸单位的代号或名称。如果采用其他单位,则必须注明尺寸单位的代号或名称,如度、厘米、英寸等。

3. 图形中所标注的尺寸为图形所表示的物体的最后完工尺寸,如果是中间过程的尺寸,则必须另加说明。

4. 物体的每一尺寸,一般只标注一次,并应标注在最能清晰反映该结构的视图上。

项目一 简单标注

本项目实例主要讲解在机械零件三视图的基础上添加各种标注,如图4-1-1所示。介绍线性、对齐、半径、直径、角度、连续和基线标注的创建方法,以及标注样式的设置与使用。标注是向图形中添加测量注释的过程。AutoCAD提供了三种基本的标注类型:线型、半径和角度。标注可以是水平、垂直、对齐、旋转、坐标、基线或连续。可以标注诸如直线、圆弧和多段线线段之类的对象,或者在点位置之间标注。

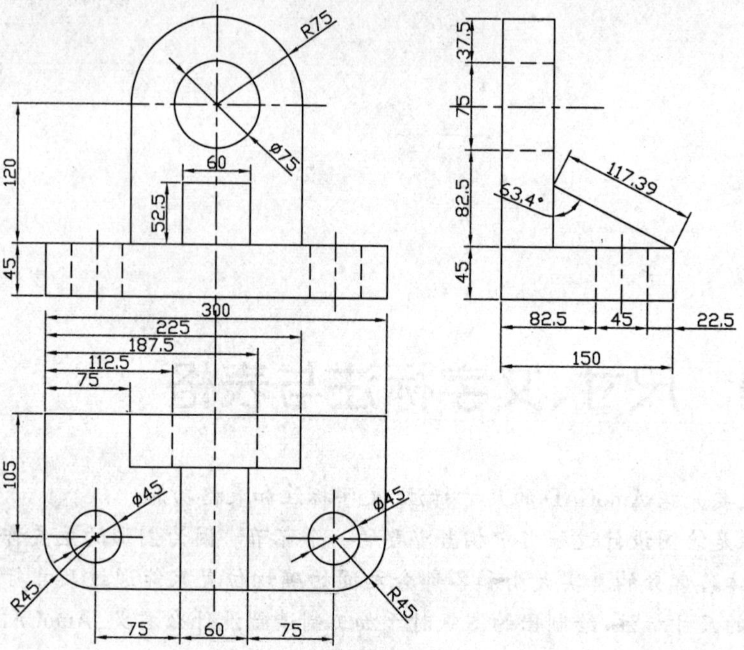

图 4－1－1

任务一　全面讲解　设置标注样式

任务分析

本任务主要讲解设置标注样式，尺寸标注的格式和外观称为尺寸样式，AutoCAD 根据用户新建图形时所选用的单位，为用户设置为默认的尺寸标注样式。若用户在新建图形时选用了公制单位，系统的默认标注样式为“ISO－25”；如果用户在新建图形时选用了英制单位，系统的默认标注样式为“Standard”。

任务重点

“标注样式”命令、“标注样式管理器”的使用。

任务步骤

一、设置标注样式

第 1 步　打开要标注的图形文件。

第 2 步　用“标注样式”命令，打开“标注样式管理器”对话框。如图 4－1－2 所示。

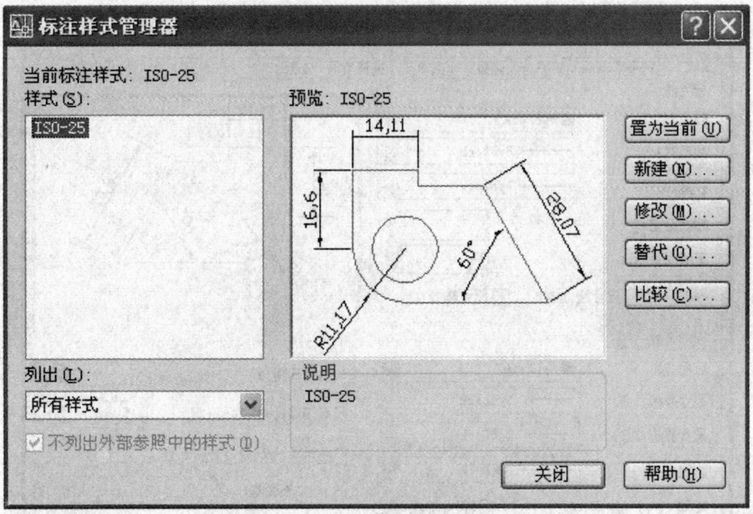

图 4－1－2

标注样式命令的启动方式如下：

命令行：dimstyle

菜单：【标注】|【标注样式】

工具栏：【标注】|【标注样式】

第 3 步　单击对话框中"新建"按钮，在弹出的"创建新标注样式"对话框的"新样式名"文本框中设置新标注样式名称为"样式一"，如图 4－1－3 所示。

图 4－1－3

第 4 步　单击"继续"按钮，在弹出"新建标注样式：样式一"对话框的"直线"选项卡中如图 4－1－4 所示进行设置。

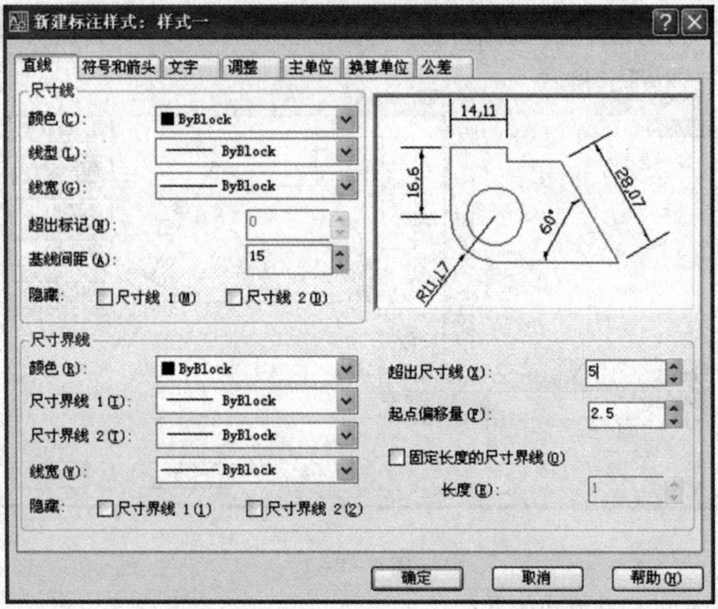

图 4－1－4

设置"基线间距"为15;"超出尺寸线"为5;"起点偏移量"为2.5;

第5步　单击对话框中的"符号和箭头"选项卡,设置"箭头大小"为10;设置"圆心标记"的"大小"为10。如图4－1－5所示。

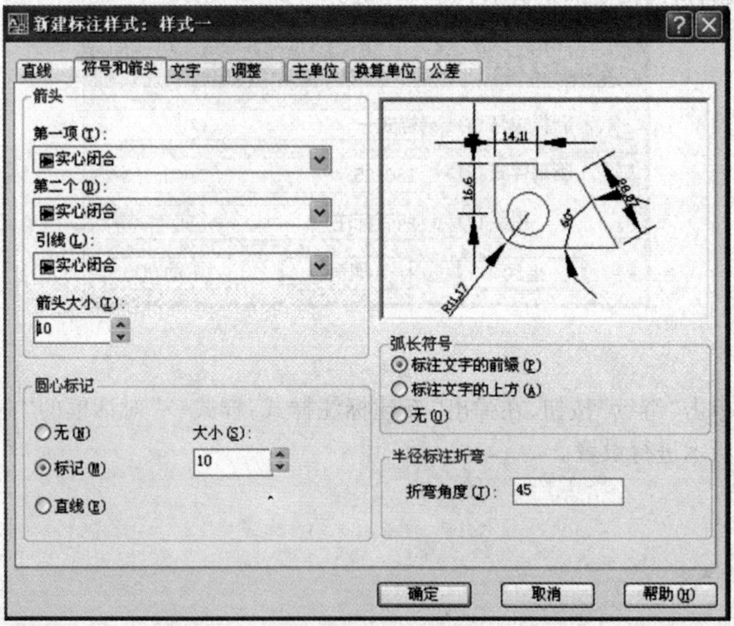

图 4－1－5

第6步　单击对话框中的“文字”选项卡，设置“文字高度”为10；设置“从尺寸线偏移”为2.5。如图4－1－6所示。

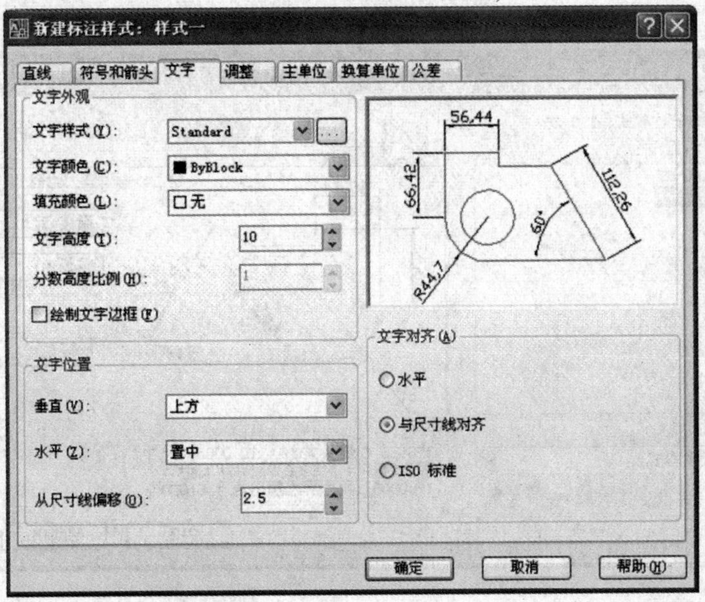

图4－1－6

第七步　单击对话框中的“主单位”选项卡，在“线型标注”选项组的“小数分隔符”下拉列表中选择“‘.’(句点)”列表项；在“角度标注”选项组的“精度”下拉列表中选择“0.0”列表项。如图4－1－7所示。

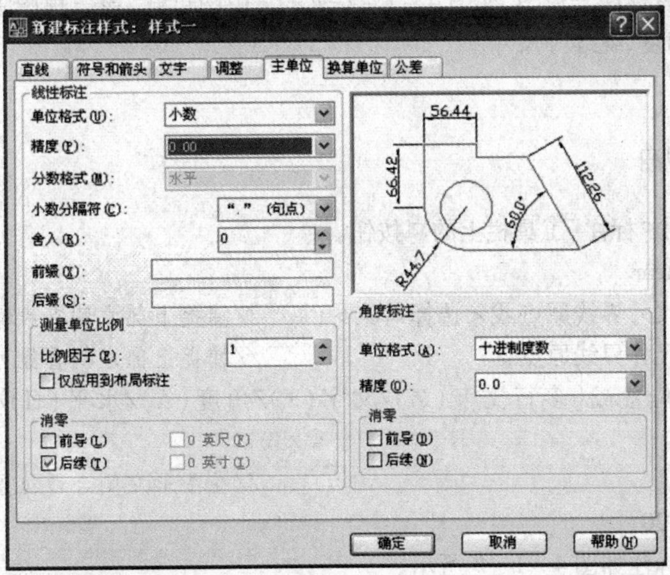

图4－1－7

第八步 单击“确定”按钮返回“标注样式管理器”对话框，在“样式”列表中选中新建的“样式一”标注样式，然后单击“置为当前”按钮将其设置为当前标注样式，如图4－1－8所示。

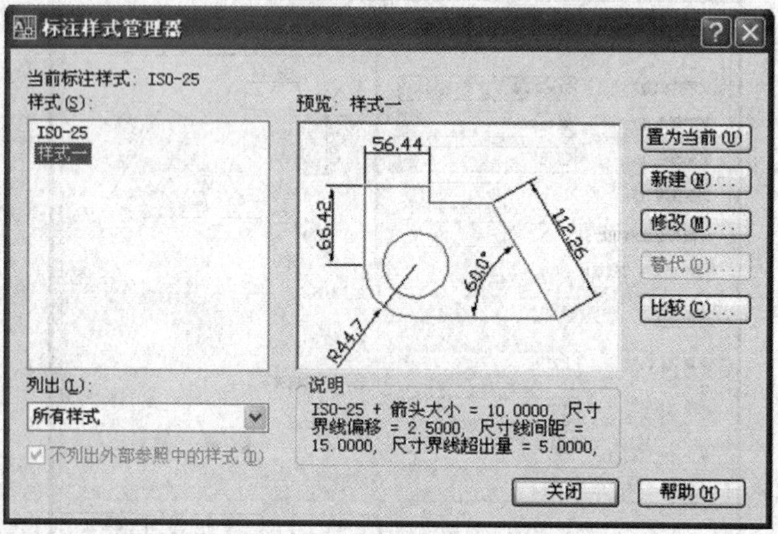

图4－1－8

任务二 实战演练 标注三视图

任务提示

本任务教读者标注三视图，如图4－1－1所示。由图可知，该三视图主要标注线性、对齐、半径、直径、角度、继续等尺寸。

任务点拨

一、标注主视图

第1步 单击“标注”工具栏上的⊢按钮。

命令：_dimlinear

指定第一条尺寸界线原点或<选择对象>： //捕捉上部左侧直线端点

指定第二条尺寸界线原点： //捕捉上部左侧直线另一端点

指定尺寸线位置或[多行文字(M)/文字(T)/角度(A)/水平(H)/垂直(V)/旋转(R)]：

//在图形左侧合适位置选择一点

标注文字＝120

创建的线性标注如图4－1－9所示。

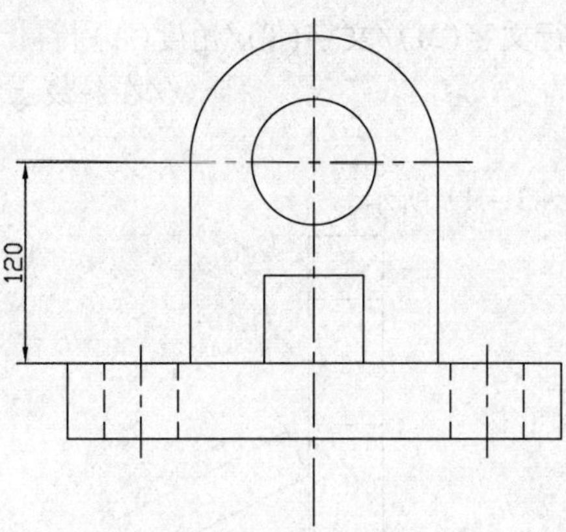

图 4－1－9

第 2 步　创建半径和直径标注。单击“标注”工具栏上的半径按钮和直径按钮。

命令:_dimradius

选择圆弧或圆:　　　　　　　　　　　　　　　　　　//选择上部圆弧

标注文字 =75

指定尺寸线位置或[多行文字(M)/文字(T)/角度(A)]:　//在适当位置选择一点

命令:_dimdiameter

选择圆弧或圆:　　　　　　　　　　　　　　　　　　//选择圆

标注文字 =75

指定尺寸线位置或[多行文字(M)/文字(T)/角度(A)]:　//在适当位置选择一点

创建的半径和直径标注如图 4－1－10 所示。

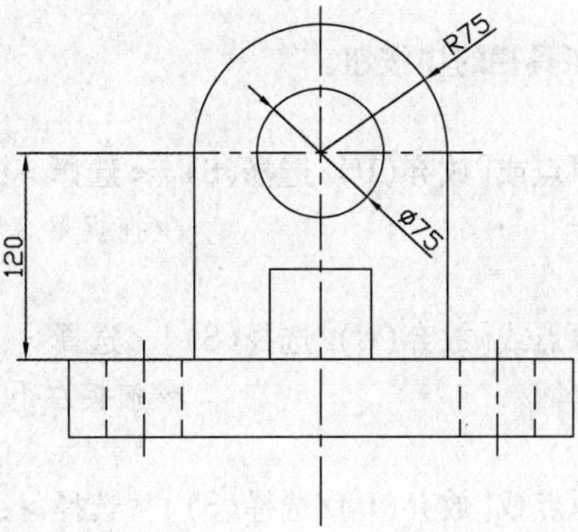

图 4－1－10

二、标注侧视图

第 1 步单击“标注”工具栏上的按钮。

命令:_dimaligned

指定第一条尺寸界线原点或＜选择对象＞:　　//选择斜线

指定尺寸线位置或[多行文字(M)/文字(T)/角度(A)]:

//在斜线上方适当位置选择一点

标注文字 =117.39

创建的对齐标注如图 4 -1 -11 所示。

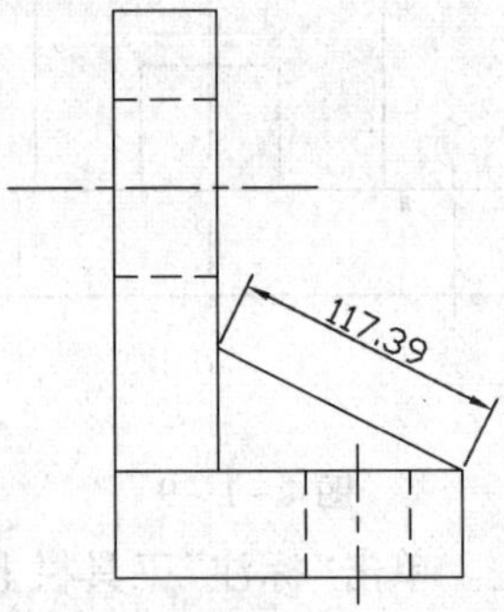

图 4 -1 -11

第 2 步 单位“标注”工具栏上的按钮。

命令:_dimlinear

指定第一条尺寸界线原点或 <选择对象>: //捕捉侧视图左上角点

指定第二条尺寸界线原点: //捕捉该点下方虚线左端点

指定尺寸线位置或

[多行文字(M)/文字(T)/角度(A)/水平(H)/垂直(V)/旋转(R)]:

//在图形左侧合适位置选择一点

标注文字 =37.5

第 3 步 单击“标注”工具栏的按钮。

命令:_dimcontinue

指定第二条尺寸界线原点或[放弃(U)/选择(S)] <选择>:

//捕捉第二条虚线的左端点

标注文字 =75

指定第二条尺寸界线原点或[放弃(U)/选择(S)] <选择>:

//捕捉左下角点上部直线端点

标注文字 =82.5

指定第二条尺寸界线原点或[放弃(U)/选择(S)] <选择>:

//捕捉左下角点

标注文字 =45

指定第二条尺寸界线原点或[放弃(U)/选择(S)] <选择>:↙

选择连续标注:↙

创建的连续标注如图 4 -1 -12 所示。

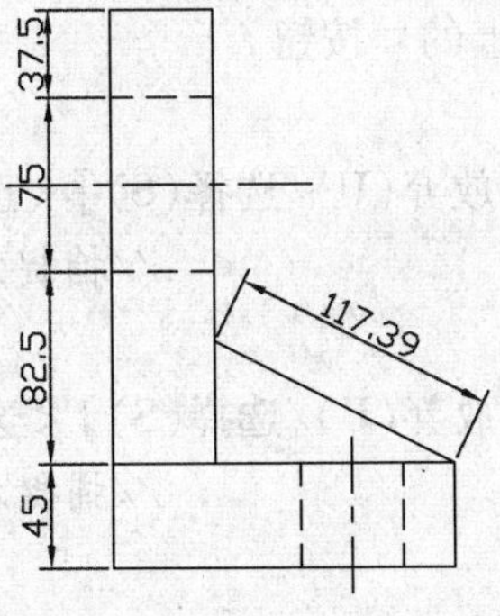

图 4－1－12

第 4 步创建角度标注。单击"标注"工具栏的△按钮。

命令：_dimangular

选择圆弧、圆、直线或＜指定顶点＞：　　　　//选择斜线

选择第二条直线：　　　　//选择斜线相邻垂直直线

指定标注弧线位置或［多行文字(M)/文字(T)/角度(A)］：

//在合适的位置选择一点

标注文字＝63.4

创建的连续标注如图 4－1－13 所示。

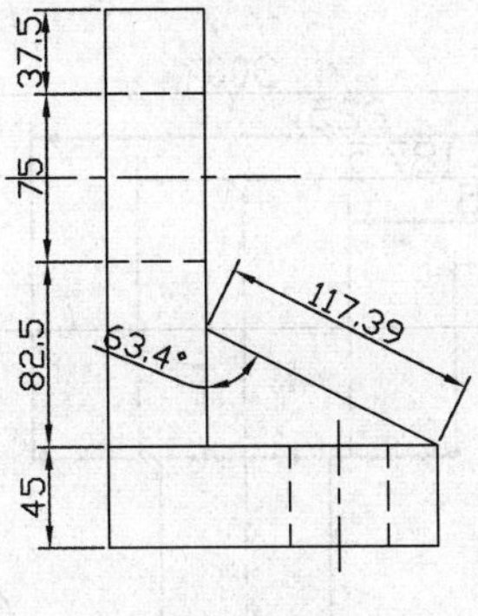

图 4－1－13

三、标注俯视图

第 1 步　单击"标注"工具栏上的⊢按钮。

命令：_dimlinear

指定第一条尺寸界线原点或＜选择对象＞：　//捕捉俯视图左上角点

指定第二条尺寸界线原点：　　　　//捕捉该点右侧直线上部端点

指定尺寸线位置或

［多行文字(M)/文字(T)/角度(A)/水平(H)/垂直(V)/旋转(R)］：

//在图形上方合适的位置选择一点

标注文字＝75

第2步 单击“标注”工具栏上的⊏按钮。

命令:_dimbaseline

指定第二条尺寸界线原点或[放弃(U)/选择(S)]<选择>:

//捕捉左侧虚线上部端点

标注文字=112.5

指定第二条尺寸界线原点或[放弃(U)/选择(S)]<选择>:

//捕捉右侧虚线上部端点

标注文字=187.5

指定第二条尺寸界线原点或[放弃(U)/选择(S)]<选择>:

//捕捉右侧虚线右边直线上部端点

标注文字=225

指定第二条尺寸界线原点或[放弃(U)/选择(S)]<选择>:

//捕捉右上角点

标注文字=300

指定第二条尺寸界线原点或[放弃(U)/选择(S)]<选择>:↙

选择基准标注:↙

创建的基线标注如图4-1-14所示。

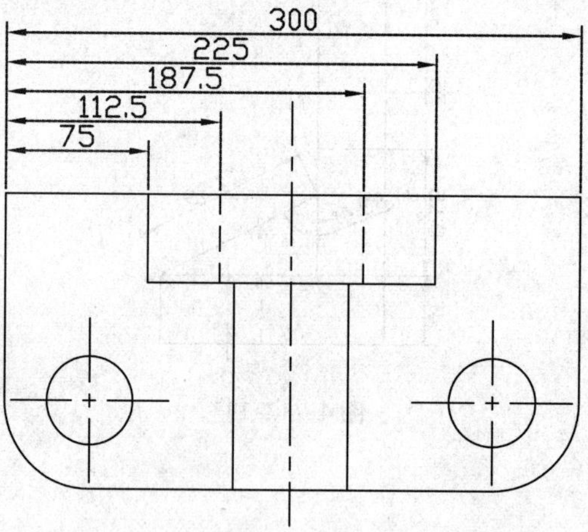

图4-1-14

任务三　举一反三　三视图中剩余的标注

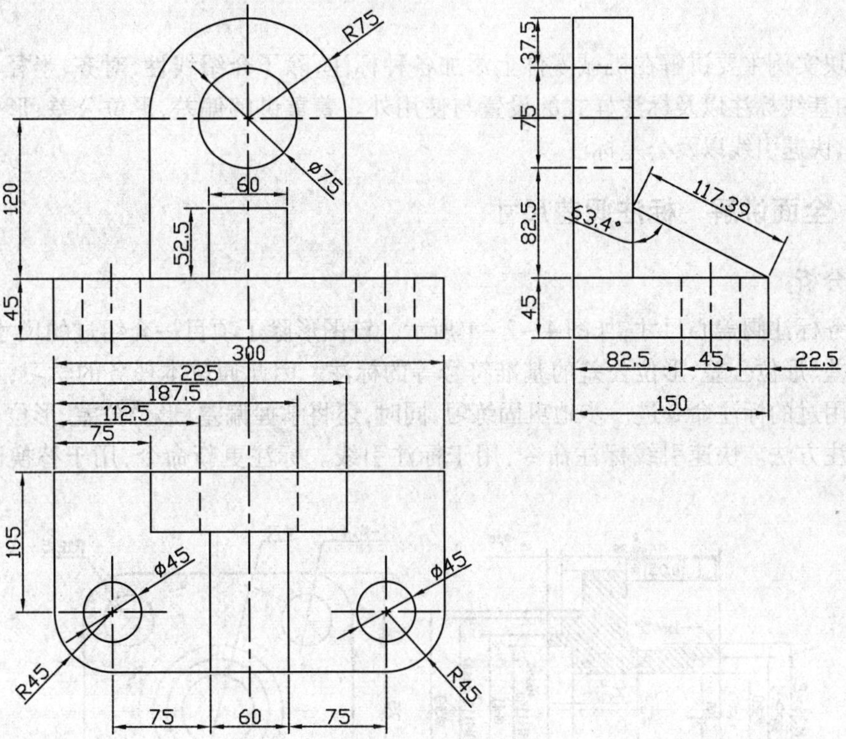

图 4－1－15

模块二 复杂标注

本模块实例主要讲解在机械零件上添加各种标注，除了介绍线性、对齐、半径、直径、角度、连续和基线标注以及标注样式的设置与使用外。着重讲解偏差、形位公差、形位公差的基准符号、快速引线以及公差标注。

任务一 全面讲解 标注阀盖尺寸

任务分析

本任务标注阀盖心尺寸，如图 4－2－1 所示。该图形除了项目一介绍过的尺寸标注外，增加了偏差、形位公差、形位公差的基准符号等的标注。因此通过本任务的学习，可以在对项目一使用过的标注命令进一步地巩固练习，同时，还将掌握偏差、形位公差、形位公差基准符号的标注方法。快速引线标注命令，用于标注引线。标注更新命令，用于替换已有的标注。

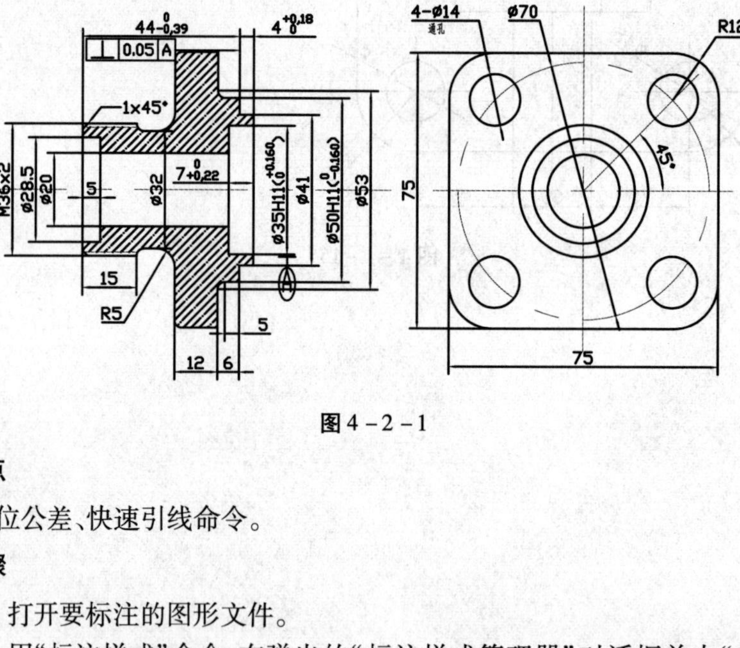

图 4－2－1

任务重点

偏差、形位公差、快速引线命令。

任务步骤

第 1 步 打开要标注的图形文件。

第 2 步 用“标注样式”命令，在弹出的“标注样式管理器”对话框单击“新建”按钮，在弹出的“创建新标注样式”对话框中的“新样式”名中输入“机械制图”，单击“继续”，弹出“新建标注样式:机械制图”对话框，在“直线”选项卡中设置“基线间距”为 5，设置“超出尺寸线”为 2，设置“起点偏移量”为 0；在“符号和箭头”选项卡中设置“箭头大小”为 3，设置“圆心标记”为无，设置“折弯角度”为 90；在“文字”选项卡中设置“文字高度”为 4，设置“文字对齐”为 ISO 标准。设置完后，单击“置为当前”，将标注样式设置为当前标注样式。

第 3 步 标注阀盖主视图中的线性尺寸

A. 标注主视图水平线性尺寸。利用线性标注命令，从左至右，依次标注阀盖主视图中的竖直线性尺寸“M36×2”、“ø28.5”、“ø20”、“ø32”、“ø35”、“ø41”、“ø50”、“ø53”。在标注尺寸“ø35”时，需要输入标注文字“%%C35H11({\H0.7x;\S+0.160^0;})”；在标注尺寸“ø50”时，需要输入标注文字“%%C50H11({\H0.7x;\S0^-0.160;})”，结果如图4-2-2所示。

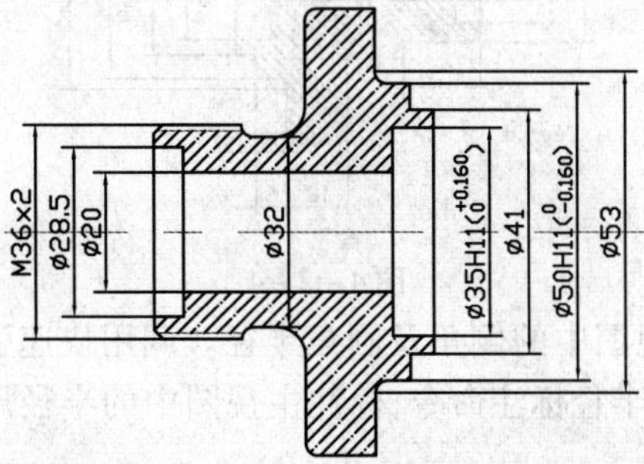

图4-2-2

B. 标注主视图竖直线线性尺寸。利用线性标注命令，标注阀盖主视图上部的线性尺寸“44”；利用连续标注命令，标注连续尺寸“4”。利用线性标注命令，标注阀盖主视图中部的线性尺寸“7”和下部左边的线性尺寸“5”；利用基线标注命令，标注基线尺寸“15”。利用线性标注命令，标注阀盖主视图下部右边的线性尺寸“5”；利用基线标注命令，标注基线尺寸“6”；再利用连续标注命令，标注连续尺寸“12”，结果如图4-2-3所示。

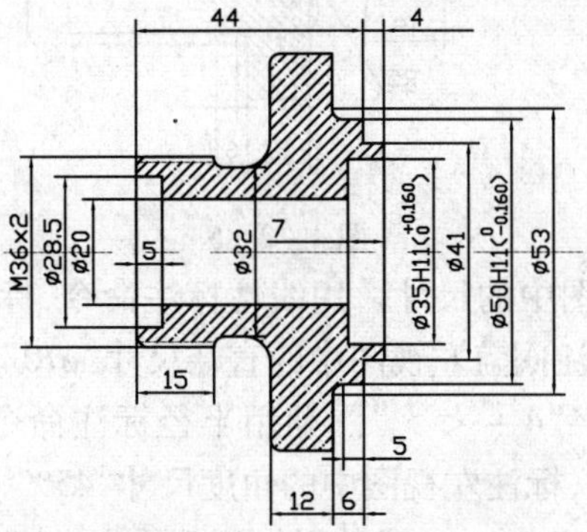

图4-2-3

C. 标注更新。单击“标注”工具栏上的“标注样式”按钮，在弹出的“标注样式管理器”对话框的样式列表中选择“机械制图”，单击“替代”。系统弹出“替代当前样式:机械制图”对话框，单击“主单位”选项卡，将“线性标注”选项区中的“精度”值设为0.000；单击“公差”选项卡，在“公差格式”选项区中，将“方式”设置为“极限偏差”，设置“上偏差”为0，下偏差为0.390，“高度比例”为“0.7”，设置完成后单击“确定”。单击“标注”工具栏中的“标注更新”图标，选取主视上部的线性尺寸“44”，即可为该尺寸添加尺寸偏差。分别为主视图的线性尺寸“4”、“7”注写尺寸偏差，结果如图4-2-4所示。

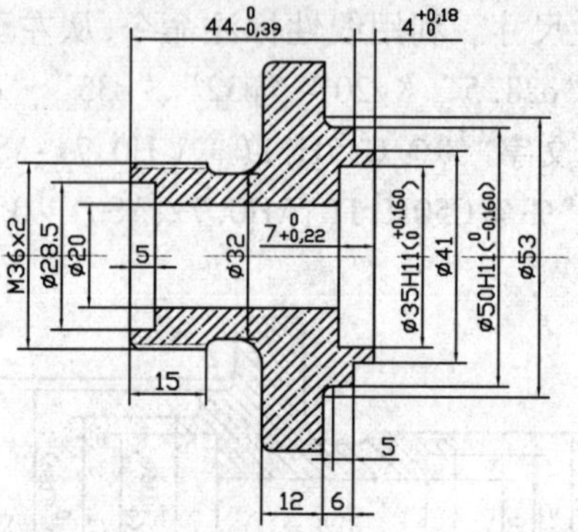

图 4-2-4

第 4 步 标注阀盖主视图中的倒角及圆角半径。调用快速引线标注命令，标注主视图的倒角尺寸“1×45°”；利用半径标注命令，标注主视图中的半径尺寸“R5”。结果如图 4-2-5 所示。

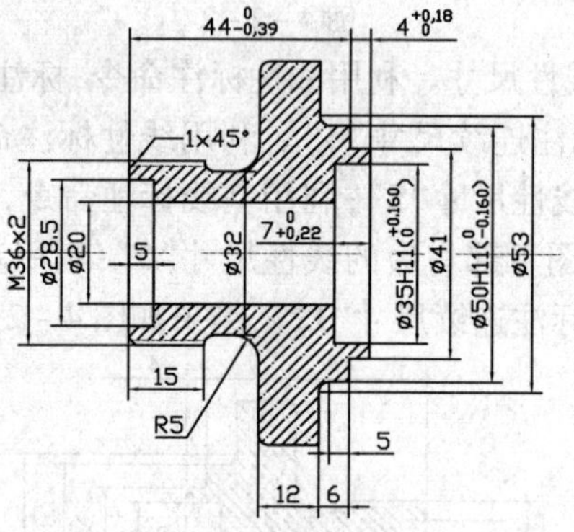

图 4-2-5

第 5 步 标注阀盖左视图中的尺寸。用线性标注命令，标注阀盖左视图中的线性尺寸“75”；利用直径标注命令，标注阀盖左视图中的直径尺寸“ø70”及“4-ø14”。在标注尺寸“4-ø14”时，需要输入标注文字“4-< >”。利用半径标注命令，标注左视图中的半径尺寸“R12.5”；利用角度标注命令，标注左视图中的角度尺寸“45°”。

在命令行输入 Text，在尺寸“4-ø14”的引线下部输入文字“通孔”，如图 4-2-6 所示。

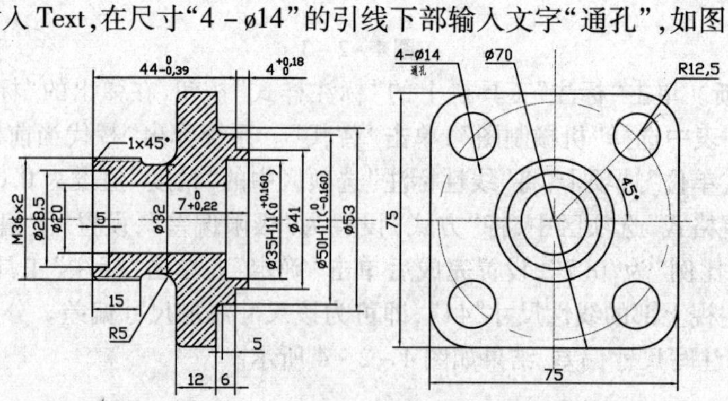

图 4-2-6

第 6 步　标注阀盖主视图中的形位公差。利用“快速引线”和“公差”来标注形位公差。

快速引线命令的启动方式如下：

命令行：qleader

菜　单：【标注】|【快速引线】

工具栏：【标注】|【快速引线】

公差命令的启动方式如下：

命令行：tolerance 菜　单：【标注】|【公差】

工具栏：【标注】|【公差】

命令：_qleader↙

指定第一个引线点或[设置(S)] <设置>：↙

//回车，在弹出的“引线设置”对话框中，如图 4－2－7、图 4－2－8、图 4－2－9 设置各个选项卡，设置完成后单击“确定”按钮。

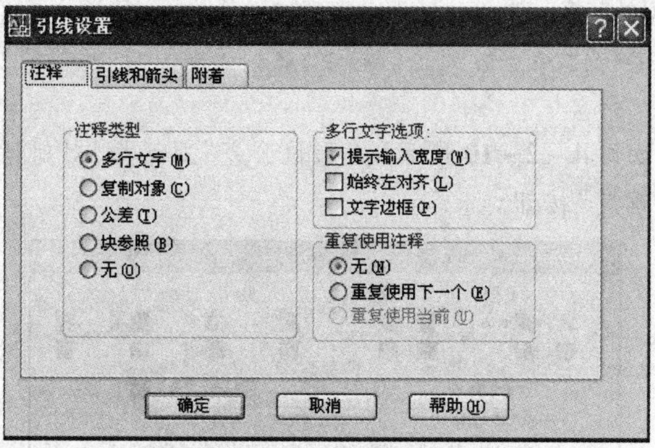

图 4－2－7

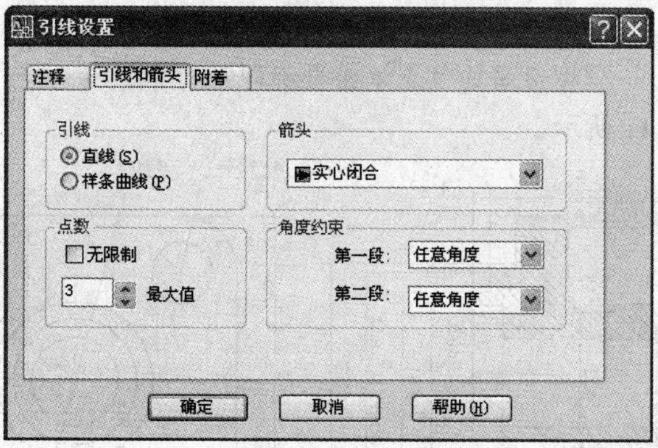

图 4－2－8

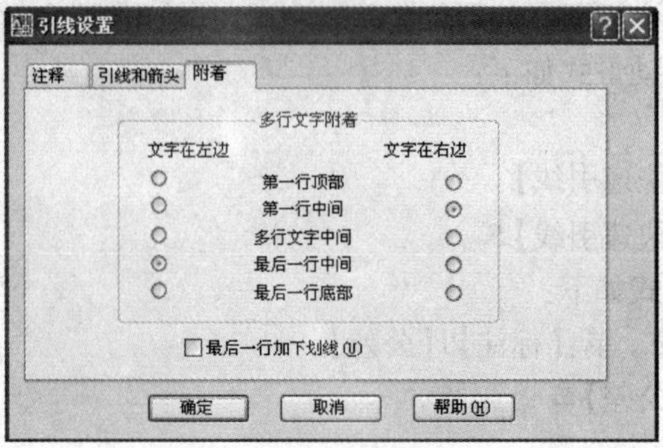

图4-2-9

指定下一点:↙　　//捕捉阀盖主视图尺寸“44”右端尺寸界线上的最近点

指定下一点:↙　　//向左拖动鼠标,在适当位置单击。

指定文字宽度<0>:↙

输入注释文字的第一行<多行文字(M)>:↙

命令:_tolerance

//输入命令出现如图4-2-10所示的“形位公差”对话框,对对话框中进行如图所示的设置,设置完成单击“确定”按钮。

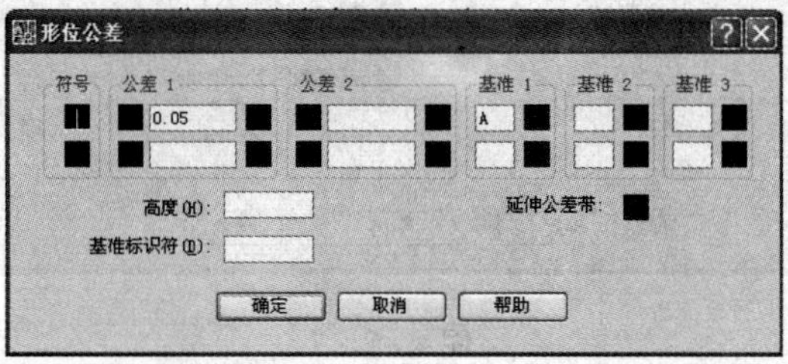

图4-2-10

输入公差位置:　　//在适当的位置单击鼠标即可。

结果如图4-2-11所示。

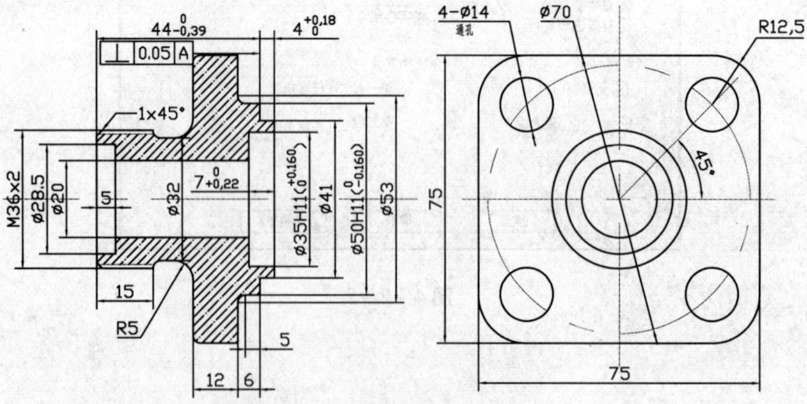

图4-2-11

第 7 步　标注形位公差的基准符号。

A. 利用圆和直线命令绘制形位公差基准符号，结果如图 4－2－12 所示。

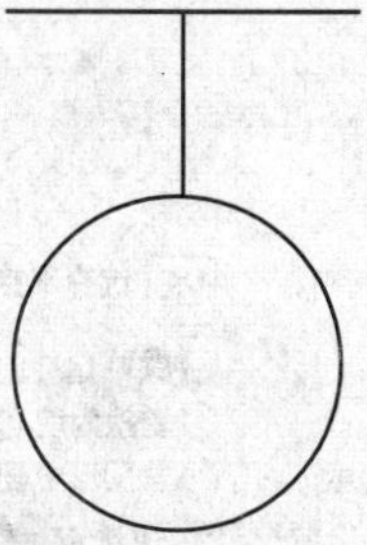

图 4－2－12

B. 用“属性定义”命令 ATTDEF，定义基准符号的属性。在命令行中输入 ATTDEF，弹出“属性定义”对话框，在对话框中进行如图 4－2－13 所示的设置，单击“确定”按钮，指定起点，捕捉基准符号中小圆的圆心即可。

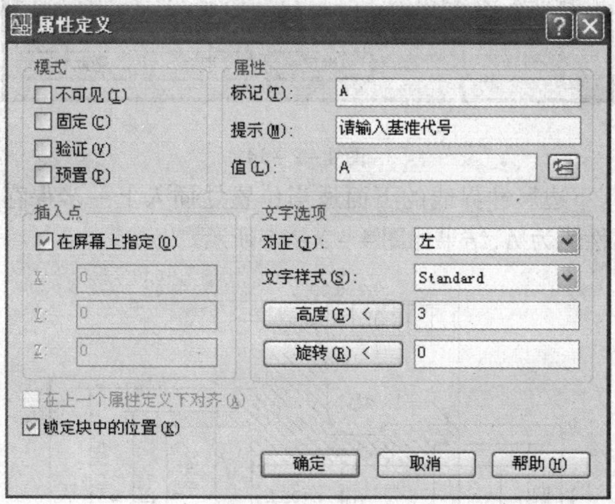

图 4－2－13

C. 将带有属性的基准符号用“写块”命令 WBLOCK，定义为图块。在命令行中输入命令，弹出如图 4－2－14 所示的写块对话框，在“文件名和路径”输入框中输入图块名称及路径，单击“选择对象”按钮，选择上步所绘的基准符号，单击“拾取点”，捕捉基准符号水平线的中点，设置完成后单击“确定”按钮。该图块以图形文件存放在硬盘上，可以被所有的图形文件引用。

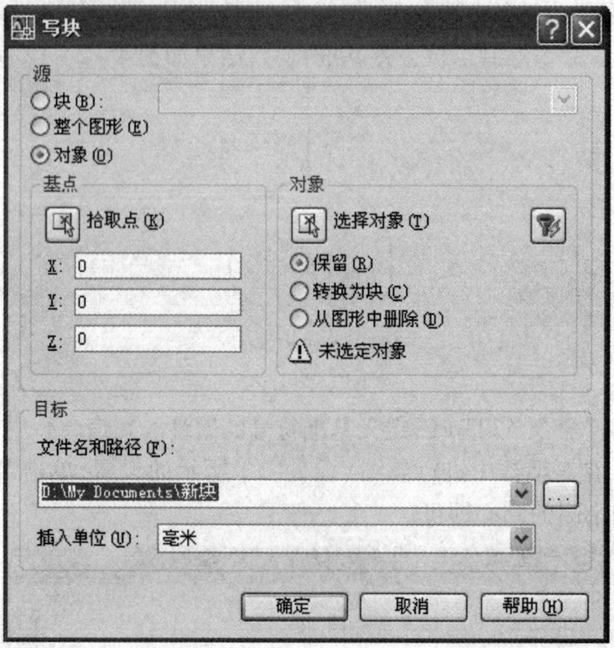

图4-2-14

D. 在尺寸"ø35"下边尺寸界线的下面适当位置处插入上一步保存过的"基准符号"图块,设置均同前。属性值为A,结果如图4-2-15所示。

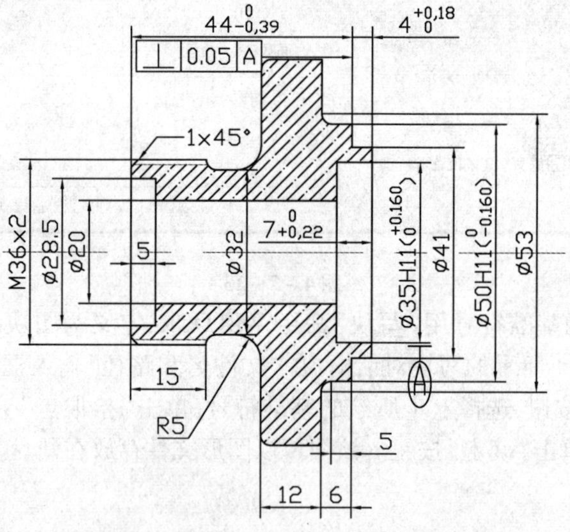

图4-2-15

任务二 实战演练 标注阀盖粗糙度

任务提示

本任务教读者标注阀盖粗糙度,如图4-2-16所示。本任务利用绘制好的粗糙度块插入到图形中，完成阀盖粗糙度的绘制。

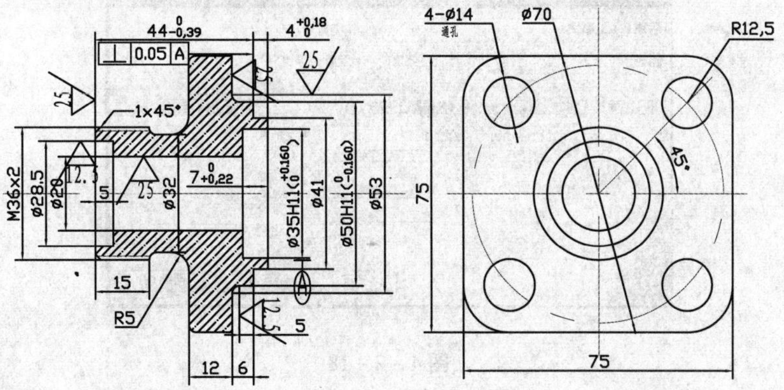

图 4 – 2 – 16

任务点拨

一、打开任务一标注的阀盖尺寸的图。

二、绘制粗糙度符号图形。

用“直线”命令绘制如图 4 – 2 – 17 所示的粗糙度符号。

图 4 – 2 – 17

三、标注阀盖主视图中的表面粗糙度。

第 1 步　调用 WBLOCK 命令打开“写块”对话框，单击“选择对象”按钮，选择该图形为对象；单击“拾取点”按钮，拾取上面图形下尖点为基点；单击“文件名和路径”后的按钮，系统打开“浏览图形文件”对话框，输入图块名称并指定路径，确认退出回到“写块”对话框，单击“确定”按钮。

第 2 步　调用“插入块”命令，打开“插入”对话框；单击“浏览”按钮打开“选择图形文件”对话框，找到刚才保存的图块，进行如图 4 – 2 – 18 所示的设置：指定统一的比例为 1，在屏幕上指定插入点，在屏幕上指定旋转角度，单击“确定”按钮。这样便将该图块插入到图形中了，用鼠标指定插入基点并拉出旋转角度。插入后的图形如图 4 – 2 – 19 所示。

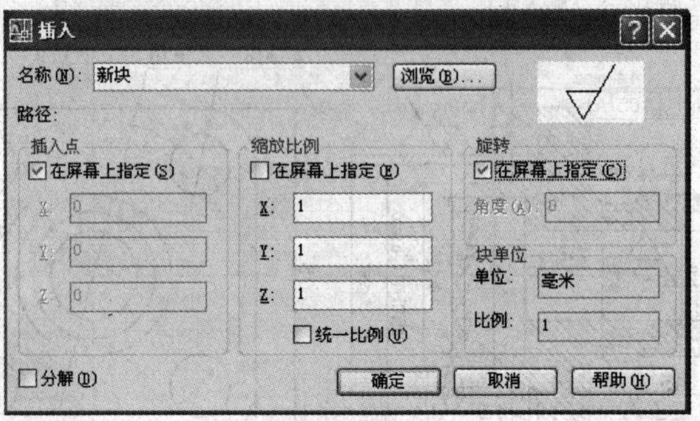

图 4-2-18

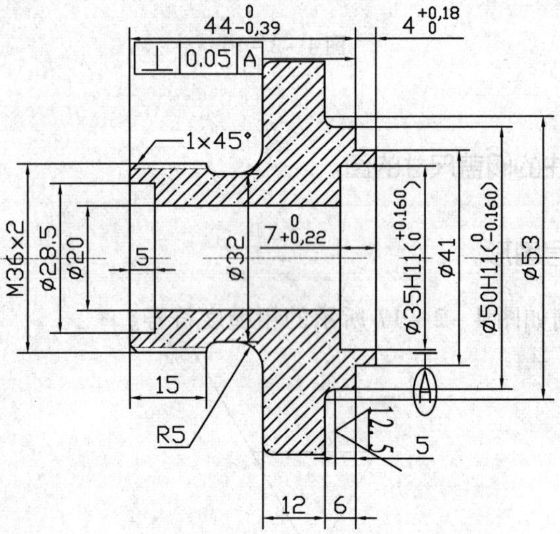

图 4-2-19

第 3 步　用“单行文字”命令标注文字,标注时注意对文字进行旋转。

命令:text↙

当前文字样式:wxys 当前文字高度:0.0000

指定文字的起点或[对正(J)/样式(S)]:　　　　//指定文字起点

指定高度 <0.5000 >:3↙

指定文字的旋转角度 <270 > : -90↙

输入文字:12.5↙

结果如图 4-2-20 所示。

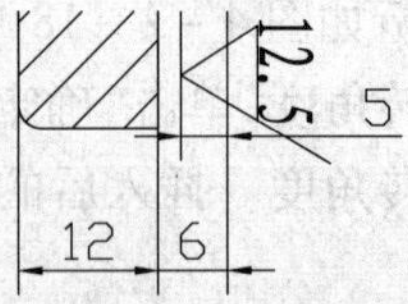

图 4-2-20

第 4 步　同样利用插入图块的方法标注其他粗糙度，最后结果如图 4－2－16 所示。

任务三　举一反三　标注轴类零件尺寸

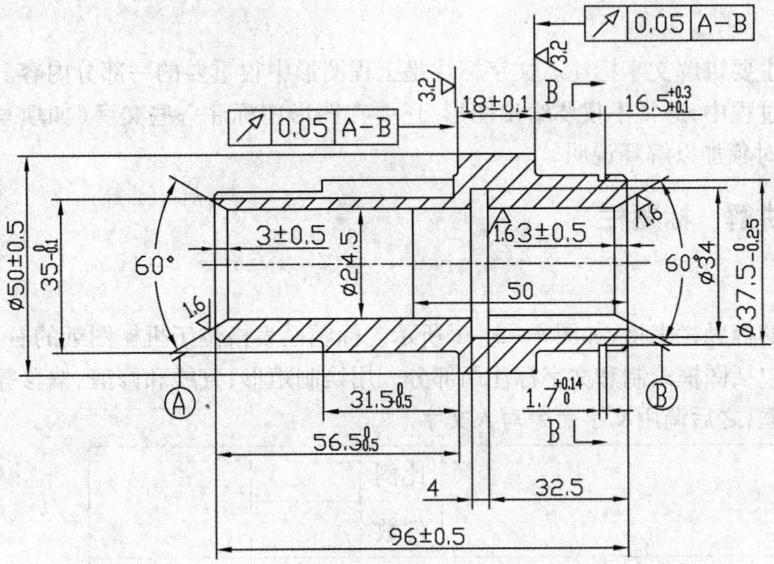

图 4－2－21

模块三　文字标注与表格

本模块实例主要讲解文字标注。文字标注是工程图形中很重要的一部分内容。在进行各种机器设计的过程中，通常不仅要给出图形，还要在图形中标注一些文字（如填写标题栏等），从而对图形对象加以解释说明。

任务一　全面讲解　标题栏

任务分析

本任务绘制的标题栏表格，如图 4－3－1 所示。标题栏表格位于机械图纸的右下角，标题栏表格的绘制包括图框绘制和文字标注两部分。用绘制矩形、直线和修剪、偏移等绘图命令绘制标题栏图框，之后调用文字命令写入文字。

<table>
<tr><td colspan="3" rowspan="2"></td><td>比例</td><td></td><td rowspan="2"></td></tr>
<tr><td>件数</td><td></td></tr>
<tr><td>制图</td><td></td><td></td><td>重量</td><td></td><td>共　张第　张</td></tr>
<tr><td>描图</td><td></td><td rowspan="2"></td><td colspan="3" rowspan="2"></td></tr>
<tr><td>审核</td><td></td></tr>
</table>

图 4－3－1

任务重点

文字编辑命令。

任务步骤

第 1 步　绘制标题栏图框

分别调用矩形命令、直线命令、偏移命令、修剪命令，按图 4－3－2 中所标注尺寸绘制标题栏框。

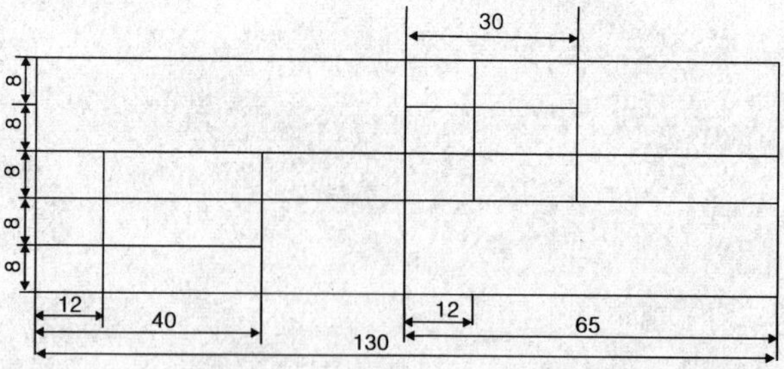

图 4－3－2

第 2 步　设置文字样式

在“格式”菜单中单击“文字样式”命令，AutoCAD 打开“文字样式”对话框，单击“新建”按钮，系统打开“新建文字样式”对话框，如图 4－3－3 所示。接受默认的“样式 1”文字样式名，确认后退出。

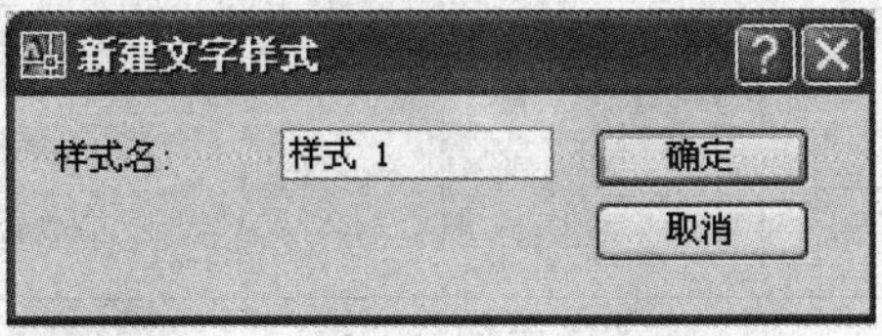

图 4－3－3

系统回到“文字样式”对话框，在“字体名”下拉列表框中选择“仿宋 GB2312 选项”；在“宽度比例”文本框中将宽度比例设置为 0.7；将文字高度设置为 5 毫米，如图 4－3－4 所示。单击“应用”按钮，然后再单击“关闭”按钮。

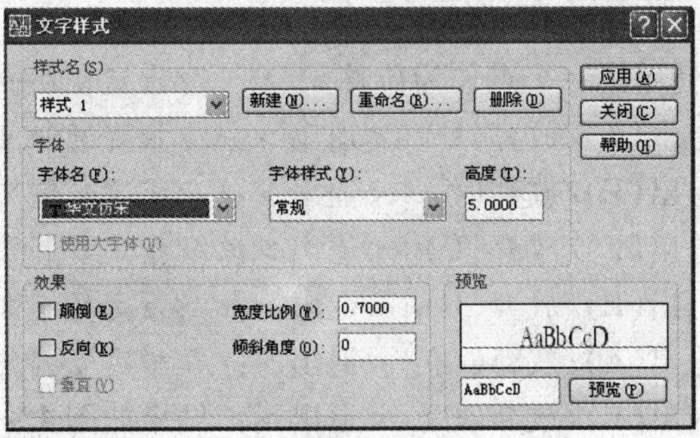

图 4－3－4

第 3 步　注写标题栏中的文字

命令：DTEXT↙

当前文字样式：样式 1 文字高度：5.0000

指定文字的起点或［对正(J)/样式(S)］：　　//指定文字输入的起点

指定文字的旋转角度 <0>：↙

输入文字：制图↙

命令：MOVE↙

选择对象：　　//选择刚标注的文字

找到 1 个

选择对象：↙

指定基点或［位移(D)］<位移>：　　//指定一点

指定第二个点或 <使用第一个点作为位移>：

//指定适当的一点，使文字刚好处于图框中间位置

结果如图 4－3－5 所示。

图4-3-5

第4步　复制文字

命令:copy↙

选择对象:找到1个　　　　　　　　　　　　//选择文字“制图”

选择对象:↙

指定基点或[位移(D)]<位移>:　　　　　　　//指定基点

指定第二个点或<使用第一个点作为位移>:　　//指定复制文字的位置点

指定第二个点或[退出(E)/放弃(U)]<退出>://指定复制文字的位置点

指定第二个点或[退出(E)/放弃(U)]<退出>://指定复制文字的位置点

指定第二个点或[退出(E)/放弃(U)]<退出>://指定复制文字的位置点

指定第二个点或[退出(E)/放弃(U)]<退出>://指定复制文字的位置点

指定第二个点或[退出(E)/放弃(U)]<退出>://指定复制文字的位置点

指定第二个点或[退出(E)/放弃(U)]<退出>:结果如图4-3-6所示。

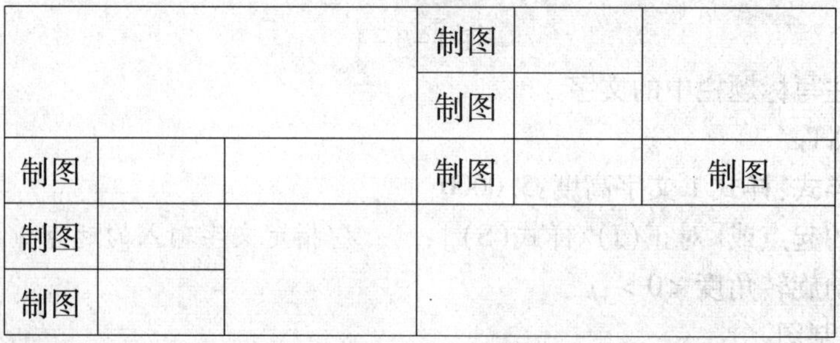

图4-3-6

第5步　修改文字

选择复制的文字“制图”,单击亮显,在夹点编辑标志点上右击鼠标,打开快捷菜单,选择“特性”选项,如图4-3-7所示。系统打开特性工具板,如图4-3-8所示。单击“文字”选项组中的内容选项,弹出文字编辑器,将其中的文字“制图”改为“描图”,同样方法修改其他文字,结果如图4-3-1所示。

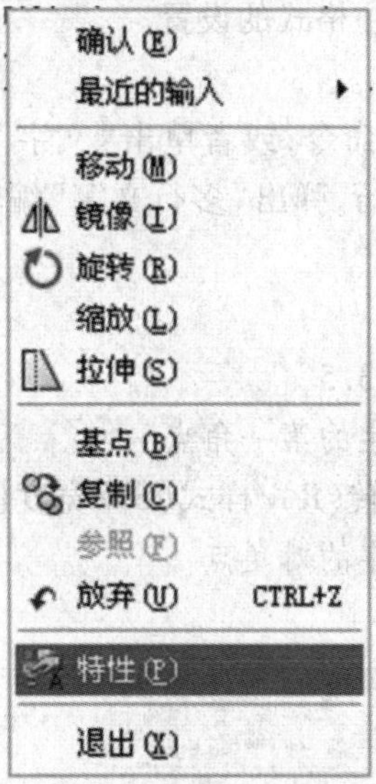

图4-3-7

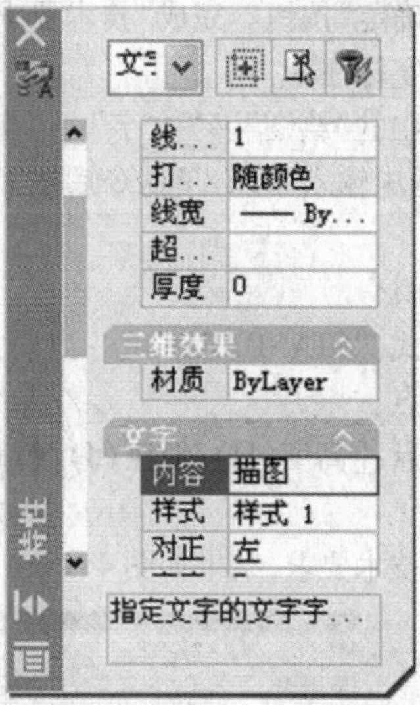

图4-3-8

任务二　实战演练　轴的技术要求

任务提示

本任务主要讲解特殊文字输入。在视图中文字注释是必不可少的，包括技术要求和其他一些文字注释。通常在图形中插入文本注释有单行文本和多行文本两种，单行文本的插入与前面绘制标题栏时插入文本的情形相同；多行文本的插入与单行文本相似，在“绘图”下拉菜单中选择“文字”子菜单的“多行文字”选项，AutoCAD 在提示指定插入位置后打开“多行文字编辑器”对话框，在该对话框中可以编辑所要插入的文字。

如图 4-3-9 所示。本任务首先创建“技术要求”的文字标注格式，然后在使用时调用此格式即可。

技术要求

1.∅50±0.5对应表面热处理硬度HRC32-37。

2.材料为45#钢材。

3.未注倒角均为1X45°

图4-3-9

任务点拨

第 1 步　创建文字样式

单击“格式”→“文字样式”，在弹出的“文字样式”对话框中单击“新建”按钮，弹出“新建文字样式”对话框，输入样式名“技术要求”，用于书写汉字。单击“确定”按钮，弹出“文字样式”对话框，在对话框中设置，文字高度为 3.5，宽度比例为 0.7，字体选择“仿宋_

GB2312”,单击“确定”按钮。完成“技术要求”文字标注格式的设置。

第2步 文字标注

选择菜单栏中的“绘图”→“文字”→“多行文字”命令,或者单击“文字”工具栏中的按钮,或者在命令选中输入 MTEXT 命令后按 Enter 键执行,弹出“多行文字”编辑器,命令行操作与提示如下:

命令:MTEXT↙

当前文字样式:“STANDARD”　　当前文字高度:3.5

指定第一角点:　　　　　　//指定输入文字的第一角点

指定第一角点:[高度(H)/对正(J)/行距(L)/旋转(R)/样式(S)/宽度(W)]:

　　　　　　　　　　　　　//指定输入文字的对角点

在其中填写技术要求,结果如图4-3-10所示。

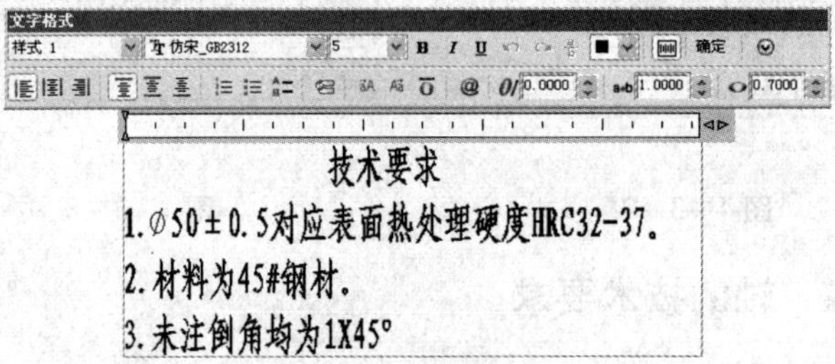

图4-3-10

填写完后确认,完成技术要求的标注,结果如图4-3-9所示。

任务三　举一反三　齿轮泵的标题栏与技术要求

技术要求

1.齿轮安装后用手转动齿轮时,应灵活转动。

2.两齿轮轮齿的啮合面占齿长的3/4以上。

8	H8	下齿轮	16	H16	缩紧螺母
7	H7	键	15	H15	平垫
6	H6	锁套	14	H14	传动齿轮
5	H5	后盖	13	H13	密封套
4	H4	泵体	12	H12	销
3	H3	密封垫	11	H11	传动轴
2	H2	螺钉	10	H10	上齿轮
1	H1	前盖	9	H9	支撑轴
序号	代号	名　称	序号	代号	名　称

齿轮		比例	2:1	H10	
		件数	1		
制图			重量	1Kg	共1张　第1张
描图			甘肃省机械工业学校		
审核					

图4-3-11

项目五　三维设计造型

本项目主要介绍 AutoCAD 的三维设计造型功能。AutoCAD 不仅有很强的二维绘图功能,而且还有强大的创建三维模型的功能。利用 AutoCAD,用户可以绘制实体的三种模型:线型模型、表面模型、实体模型,并可根据用户的需要对三维模型进行各种处理,如对三维实体进行布尔、切割、生成轮廓和剖面的操作,还可以对实体模型进行着色、渲染等处理,以得到逼真的三维效果,而且还能够方便地了解实体的体积、质量和转动惯量等属性。

模块一　机械零件设计造型

本模块实例主要讲解应用三维实体命令制作几个机械零件的模型,通过这些实例介绍了造型的方法和技巧。

任务一　全面讲解　V 形座

任务分析

本任务主要讲解制作如图 5 -1 -1 所示的平面立体 V 形座的机械零件三维模型。通过本任务,主要学习构成实体的方法以及实体倒角、三维镜像、布尔运算、多窗口多视点等操作命令,并掌握平面立体的造型方法,同时学习从模型空间到图纸空间出图的过程。AutoCAD 具备将三维立体直接投影成二维平面图的功能。

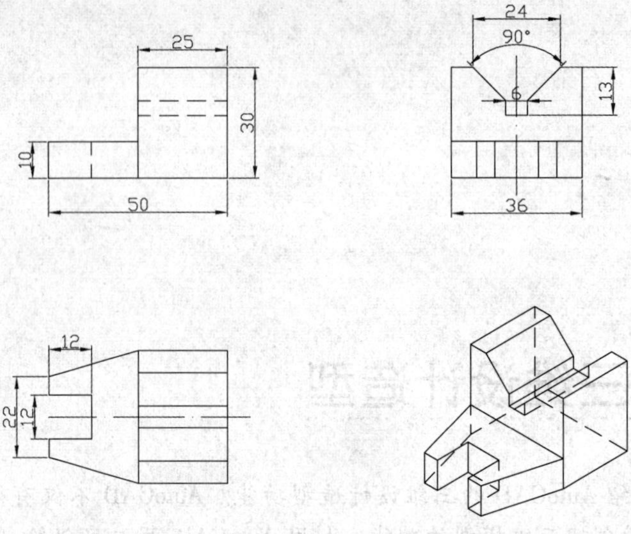

图 5－1－1

任务重点

实体倒角、三维镜像、布尔运算、多窗口多视点等操作命令。

任务步骤

一、设置绘图环境

第 1 步　用“LIMITS”命令设置图幅：A4(297×210)。

第 2 步　用“ISOLINES”设置线框密度。

命令：isolines↙

输入 ISOLINES 的新值 <4>：10↙

二、绘制实体图形

第 1 步　3D 视图。视图→三维视图→西南等轴测。

命令：_－view

命令：_－view 输入选项［？/删除(D)/正交(O)/恢复(R)/保存(S)/设置(E)/窗口(W)］：_swiso

第 2 步　长方体。绘图→建模→长方体。绘制长方体作为主体。因为立体对称，所以只做一半。结果如图 5－1－2 所示。

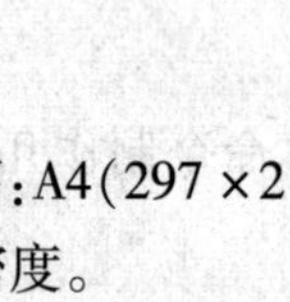

图 5－1－2

第 3 步　真实。视图→视觉样式→真实。

观看真实效果。

命令:_vscurrent

输入选项[二维线框(2)/三维线框(3)/三维隐藏(H)/真实(R)/概念(C)/其他(O)]R

第 4 步　放大窗口。视图→缩放→窗口。

将长方体用窗口放大。

命令:_zoom

指定窗口的角点,输入比例因子(nX 或 nXP),或者

[全部(A)/中心(C)/动态(D)/范围(E)/上一个(P)/比例(S)/窗口(W)/对象(O)]<实时>:_w

指定第一个角点:

指定对角点:

第 5 步　颜色。格式→颜色。

每做一块,设一种新的颜色,即绘制的立体各部分的颜色不同。注意不要设为随层,否则加在一起会变成一种颜色。后面将不再讲述变换颜色。

命令:_color

第 6 步　长方体。命令启动方式同第 2 步。

绘制长方体作为上部分切除部分。如图 5－1－3 所示。

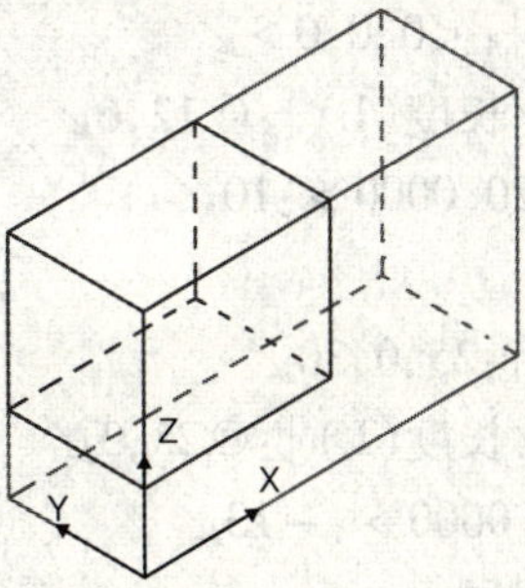

图 5－1－3

第 7 步　求差。修改→实体编辑→差集

从大长方体上减去小长方体。结果如图 5－1－4 所示。

图 5－1－4

命令:subtract

命令:_subtract 选择要从中减去的实体或面域...

选择对象:找到 1 个

选择对象:↙

选择要减去的实体或面域...

选择对象:找到 1 个

选择对象:↙

第 8 步　长方体。命令启动方式同上。

绘制两长方体作为切除的槽。起点可用捕捉。结果如图 5-1-5 所示。

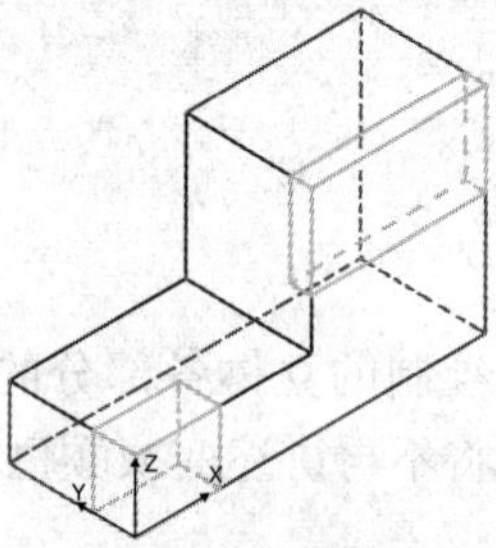

图 5-1-5

命令:_box

指定第一个角点或[中心(C)]: <0,0,0>↙

指定其他角点或[立方体(C)/长度(L)]:@12,6↙

指定高度或[两点(2P)] < -20.0000 >:10↙

命令:_box

指定第一个角点或[中心(C)]:25,0,30↙

指定其他角点或[立方体(C)/长度(L)]:@25,3↙

指定高度或[两点(2P)] <10.0000 >: -13↙

第 9 步　求差。命令启动方式同上。

从主体上减去两小长方体,结果如图 5-1-6 所示。

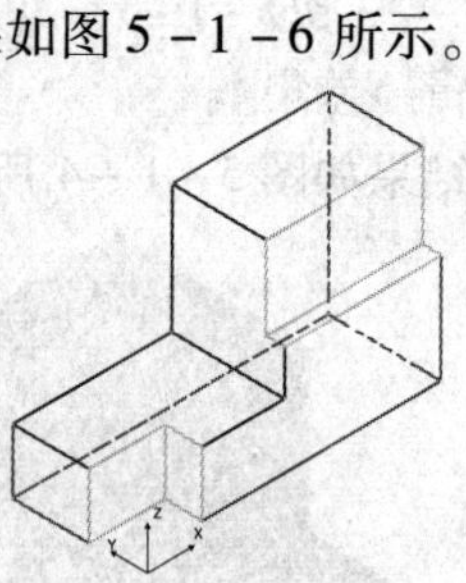

图 5-1-6

命令:_subtract

命令:_subtract 选择要从中减去的实体或面域...

选择对象:找到 1 个

选择对象:↙

选择要减去的实体或面域.

选择对象:找到1个

选择对象:找到1个,总计2个

选择对象:↙

第10步倒角。修改→倒角。

倒V形槽的角,结果如图5-1-7所示。

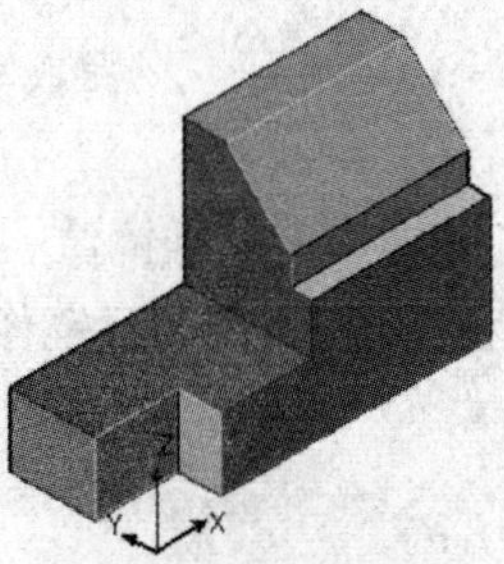

图5-1-7

命令:_chamfer

("修剪"模式)当前倒角距离1=0.0000,距离2=0.0000

选择第一条直线或[放弃(U)/多段线(P)/距离(D)/角度(A)/修剪(T)/方式(E)/多个(M)]: //选取棱边

基面选择...

输入曲面选择选项[下一个(N)/当前(OK)]<当前(OK)>:↙

指定基面的倒角距离:9↙ //第一个方向倒角距离

指定其他曲面的倒角距离<9.0000>:↙ //第二个方向倒角距离

选择边或[环(L)]: //选取要倒角的棱边

选择边或[环(L)]:↙

倒V形槽的斜边,结果如图5-1-8所示。

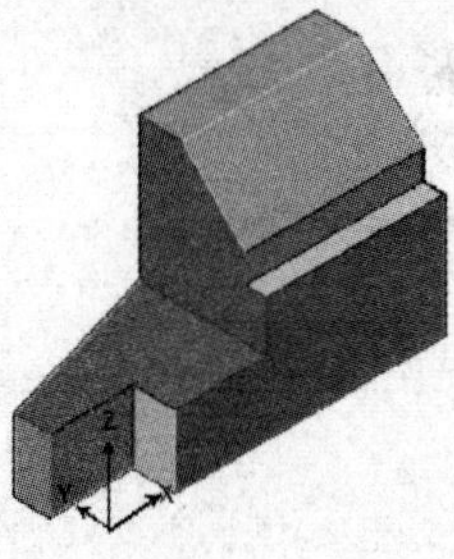

图5-1-8

命令:_chamfer

("修剪"模式)当前倒角距离 1 =25.0000,距离 2 =7.0000

选择第一条直线或[放弃(U)/多段线(P)/距离(D)/角度(A)/修剪(T)/方式(E)/多个(M)]: //选取图形

基面选择...

输入曲面选择选项[下一个(N)/当前(OK)]<当前(OK)>:↙

指定基面的倒角距离:25↙

指定其他曲面的倒角距离:7↙

选择边或[环(L)]: //选取要倒角的棱边

选择边或[环(L)]:↙

第 11 步 三维镜像。修改→三维操作→三维镜像。

以 ZX 面为对称面,通过选取对称点,将实体前后镜像,结果如图 5-1-9 所示。

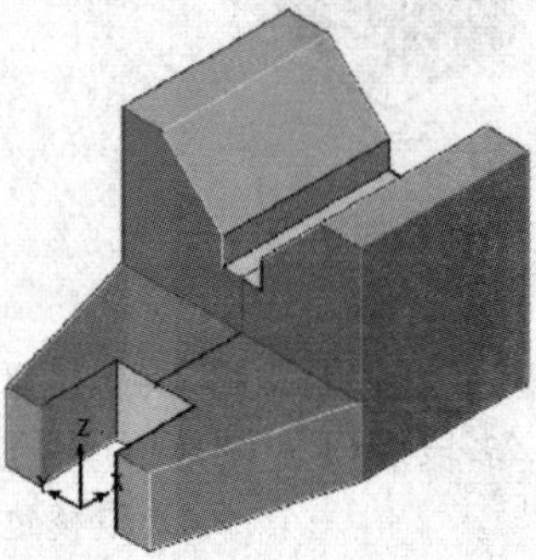

图 5-1-9

命令:_mirror3d

选择对象:找到 1 个 //选取整个图形

选择对象:↙

指定镜像平面(三点)的第一个点或

[对象(O)/最近的(L)/Z 轴(Z)/视图(V)/XY 平面(XY)/YZ 平面(YZ)/ZX 平面(ZX)/三点(3)]<三点>:zx↙ //以 ZX 面为对称面镜像

指定 ZX 平面上的点<0,0,0>:↙

是否删除源对象?[是(Y)/否(N)]<否>:↙

第 12 步 求和。修改→实体编辑→并集 。

将把两部分合成一体。

命令:_union

选择对象:找到 1 个

选择对象:找到 1 个,总计 2 个

选择对象:↙

三、绘制三维视图

第 1 步　图纸空间。绘图→建模→设置→视图或点击绘图区下的“布局 1”。

到图纸空间，将出现一个默认的视图，用删除命令，窗选删除（注意不要激活删除模型，而是将窗口整个删除）。

第 2 步　视窗变换。视图→视口→四个视口。

在视窗变换中设置四个视窗及其大小，结果如图 5－1－10 所示。

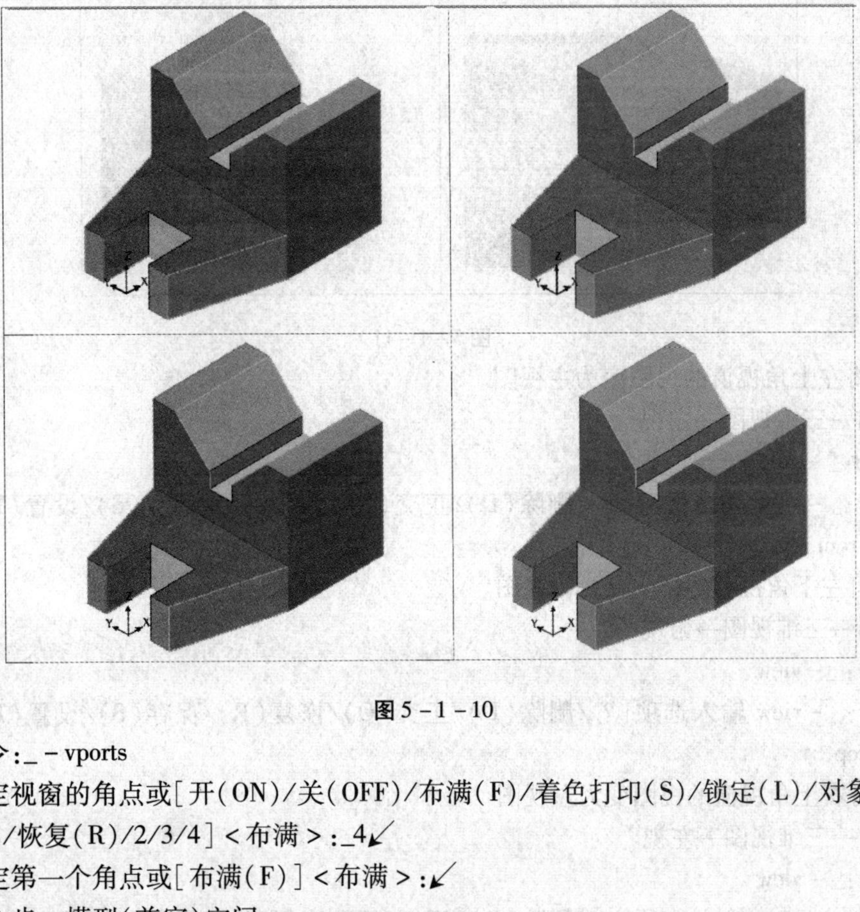

图 5－1－10

命令：_－vports

指定视窗的角点或［开（ON）/关（OFF）/布满（F）/着色打印（S）/锁定（L）/对象（O）/多边形（P）/恢复（R）/2/3/4］＜布满＞：_4↙

指定第一个角点或［布满（F）］＜布满＞：↙

第 3 步　模型（兼容）空间

点状态行中的“模型或图纸空间”按钮，到模型（布局）空间，将每个窗口变为一个小模型空间，因为必须在模型（布局）空间，才能对每个窗口进行操作。

在调整每个视图之前必须先点击该视窗，将其激活。

第 4 步　3D 视图。视图→三维视图

重复该命令，按照机械制图的规定，给四个窗口设置不同的视图。结果如图 5－1－11 所示。

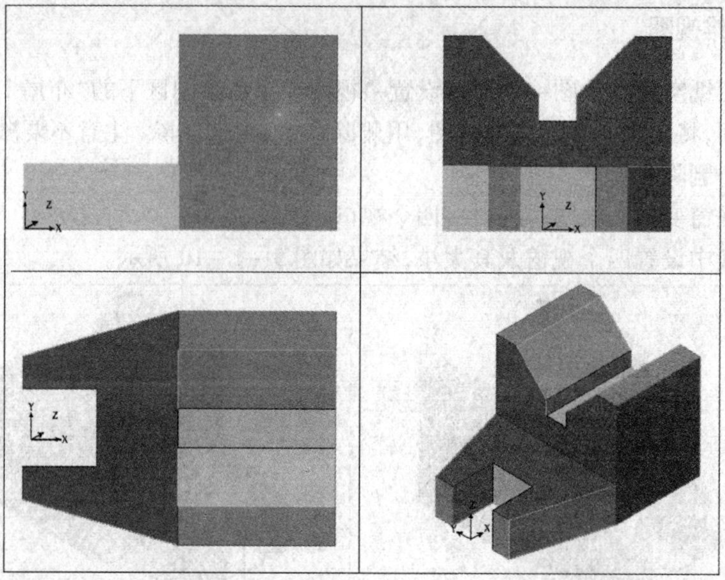

图5-1-11

A. 将左上角视窗的视图变为主视图。

视图→三维视图→主视

命令:_-view

命令:_-view 输入选项[?/删除(D)/正交(O)/恢复(R)/保存(S)/设置(E)/窗口(W)]:_front

B. 将左下角视窗的视图变为俯视图

视图→三维视图→俯视

命令:_-view

命令:_-view 输入选项[?/删除(D)/正交(O)/恢复(R)/保存(S)/设置(E)/窗口(W)]:_top

C. 将右上角视窗的视图变为左视图

视图→三维视图→左视

命令:_-view

命令:_-view 输入选项[?/删除(D)/正交(O)/恢复(R)/保存(S)/设置(E)/窗口(W)]:_left

D. 右下角视窗保留原西南视图

第5步　缩放。视图→缩放→比例。

重复该命令,将各视图比例缩放,以便各个视图大小一致。

命令:_zoom

指定窗口的角点,输入比例因子(nX或nXP),或者

[全部(A)/中心(C)/动态(D)/范围(E)/上一个(P)/比例(S)/窗口(W)/对象(O)]<实时>:_s

输入比例因子(nX 或 nXP):4↙

第6步　平移。视图→平移。

分别将各视图移到合适位置,保证长对正、高平齐、宽相等,可利用辅助线精确对准。第7步　二维线框。视图→视觉样式→二维线框。

一些投影及虚线必须在二维线框的效果下才能看见。

命令:VSCURRENT

输入选项[二维线框(2)/三维线框(3)/三维隐藏(H)/真实(R)/概念(C)/其他(O)]<真实>:2

第8步　层。格式→图层。

设一新层,线型设为消隐线(Hidden),以便让不可见的轮廓自动生成虚线。

第9步　轮廓线。绘图→建模→设置→轮廓。

重复该命令,分别激活各视窗,选取实体,自动产生各方向的平面轮廓线,不可见轮廓线产生虚线。所产生的平面投影线与立体轮廓线重合在一起。

命令:_solprof

选择对象:指定对角点:找到1个

选择对象:　　　　　　　　　　　　　　//选择立体V形座

是否在单独的图层中显示隐藏的轮廓线?[是(Y)/否(N)]<是>:↙

是否将轮廓线投影到平面?[是(Y)/否(N)]<是>:↙

是否删除相切的边?[是(Y)/否(N)]<是>:↙

已选定一个实体。

第10步　层。格式→图层。

将立体图所在0层关闭(可以将窗口边线层也关闭),改变自动产生的虚线层颜色。结果如图5-1-12所示。

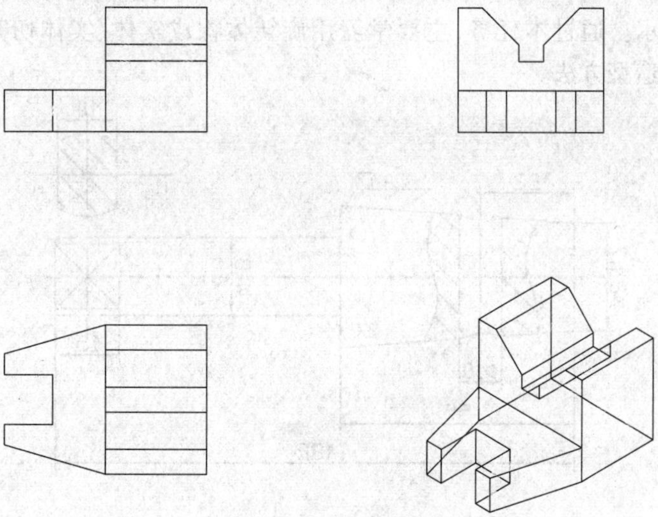

图5-1-12

第11步 图纸空间。点击状态栏中的“模型或图纸空间”按钮，在图纸空间，可以进行二维绘制，增加中心线，标注尺寸等，结果如图5－1－13所示。

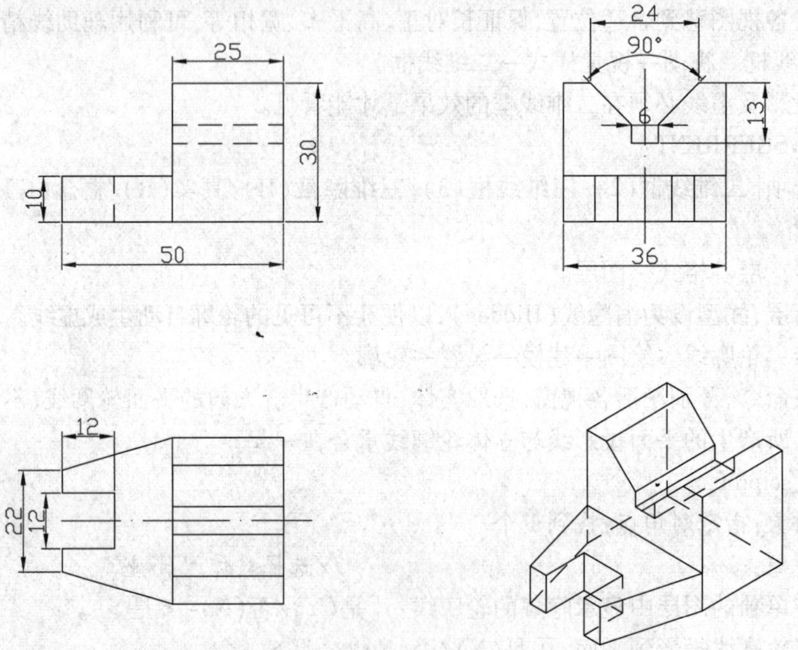

图5－1－13

任务二 实战演练 阀杆

任务提示

本任务根据图5－1－14所示阀杆的视图及尺寸，精确制作机械零件阀杆的三维模型，如图5－1－15所示。通过本任务，主要学习用旋转体构成实体、实体切割、布尔运算等命令，并掌握锥体的造型方法。

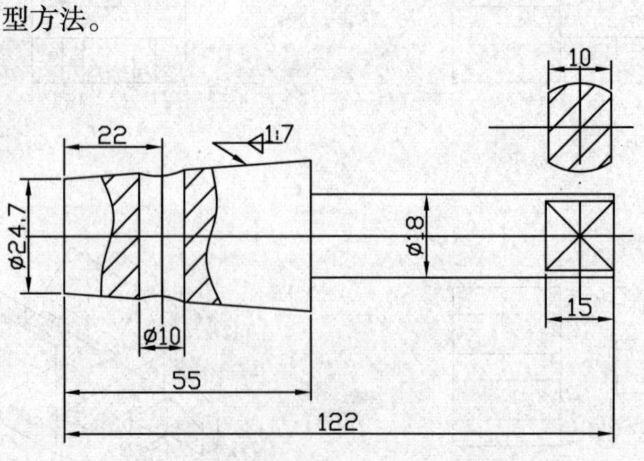

图5－1－14

图 5－1－15

任务点拨

一、设置绘图环境

第 1 步　用“LIMITS”命令设置图幅：A4（297×210）。
第 2 步　用“ISOLINES”设置线框密度。
命令：isolines↙
输入 ISOLINES 的新值 <4>：10↙

二、绘制实体图形

第 1 步　用“直线”等命令绘制如图 5－1－16 所示的图形。

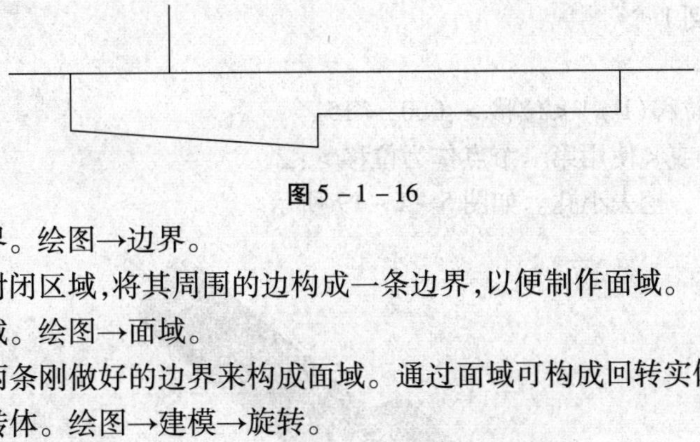

图 5－1－16

第 2 步　边界。绘图→边界。
用鼠标点击封闭区域，将其周围的边构成一条边界，以便制作面域。
第 3 步　面域。绘图→面域。
用鼠标选取两条刚做好的边界来构成面域。通过面域可构成回转实体。
第 4 步　旋转体。绘图→建模→旋转。
用回转体构成一个阀杆主体，如图 5－1－17 所示。

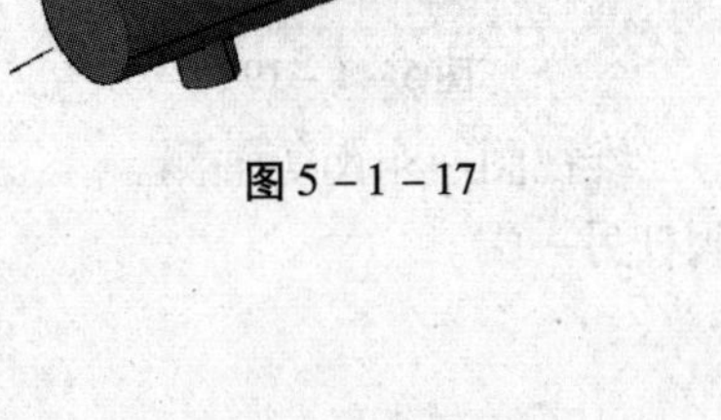

图 5－1－17

第5步 用“西南等轴测”命令观看三维效果;用“真实”命令观看着色效果。

第6步 圆柱体。绘图→建模→圆柱体。

绘制小圆柱。

命令:_cylinder

指定底面的中心点或[三点(3P)/两点(2P)/相切、相切、半径(T)/椭圆(E)]:

//捕捉轴线上孔的交点

指定底面半径或[直径(D)]:5↙

指定高度或[两点(2P)/轴端点(A)]<-13.0000>:30↙

第7步 移动。修改→移动。

将小圆柱向下移动到对称位置,如图5-1-18所示。

图5-1-18

命令:_move

选择对象:找到1个

选择对象:↙

指定基点或[位移(D)]<位移>:0,0,-15↙

指定第二个点或<使用第一个点作为位移>:↙

第8步 求差。挖去小孔。如图5-1-19所示。

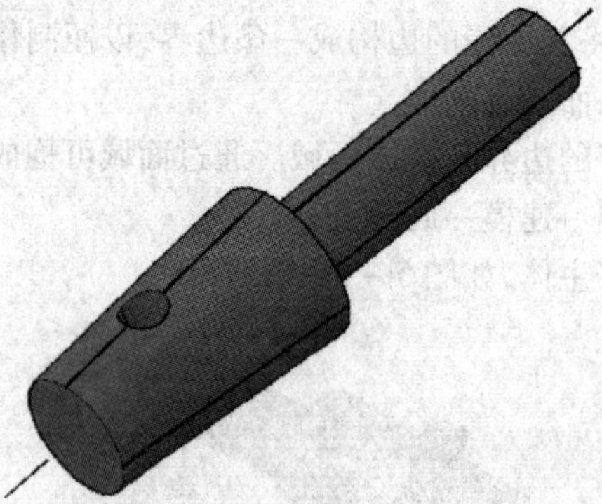

图5-1-19

第9步 3D视图。视图→三维视图→东南等轴测。

设置东南视图,可以观看阀杆另一端。

第 10 步　移动。命令启动方法同第 7 步。

将阀杆移动到坐标原点位置(圆柱的圆心),便于准确切割。

第 11 步　缩放。显示全图。

第 12 步　剖切。修改→三维操作→剖切。

A. 将阀杆切成两部分。

命令:_slice

选择要剖切的对象:找到 1 个

选择要剖切的对象:↙

指定切面的起点或[平面对象(O)/曲面(S)/Z 轴(Z)/视图(V)/XY/YZ/ZX/三点(3)]
<三点>:yz↙

指定 YZ 平面上的点 <0,0,0>:107,0↙

在所需的侧面上指定点或[保留两个侧面(B)]<保留两个侧面>:b↙

B. 重复切除命令,切除圆柱前、后两部分。重复切除命令

命令:SLICE

选择要剖切的对象:找到 1 个

选择要剖切的对象:

指定切面的起点或[平面对象(O)/曲面(S)/Z 轴(Z)/视图(V)/XY/YZ/ZX/三点(3)]
<三点>:zx

指定 ZX 平面上的点 <0,0,0>:0, -5

//(0, -5)为切除前部分;(0,5)为切除后部分

在所需的侧面上指定点或[保留两个侧面(B)]<保留两个侧面>:0,0,0

第 13 步　求和。将两部分合并成一体,完成造型,如图 5 -1 -20 所示。

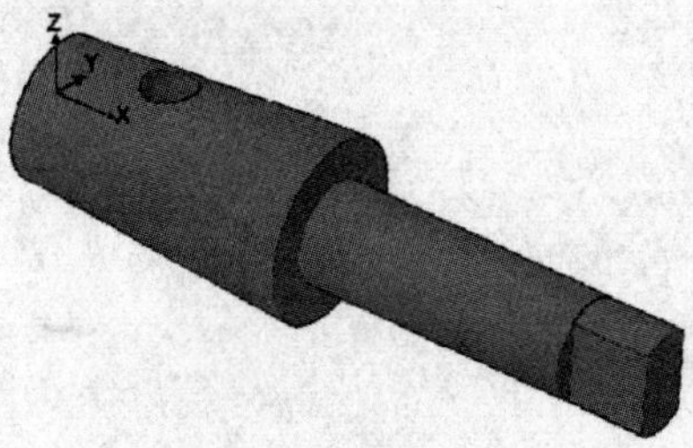

图 5 -1 -20

任务三　举一反三　简单组合体模型

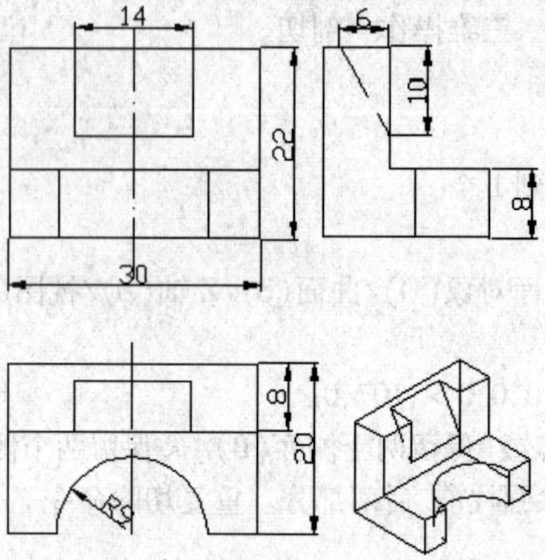

图 5－1－21

模块二　简单造型设计

本模块通过设计一些简单的造型，使读者对 AutoCAD 有更进一步的认识，并能逐步掌握三维绘图的过程和设计思路。

任务一　全面讲解　法兰盘的设计

任务分析

本任务主要讲解制作如图 5－2－1 所示的法兰盘设计。分析图形可知，该图形的结构简单，具体实现过程为：一是绘制立体法兰盘的主体结构，二是绘制立体法兰盘的螺孔。要求读者对立体法兰盘结构熟悉，且能灵活运用三维实体的基本图形的绘制命令和编辑命令。本任务用两种不同的方法来绘制法兰盘，通过绘制此图，读者可以对比出绘制三维图的技巧性，将会灵活运用三维实体的绘制命令和编辑命令。

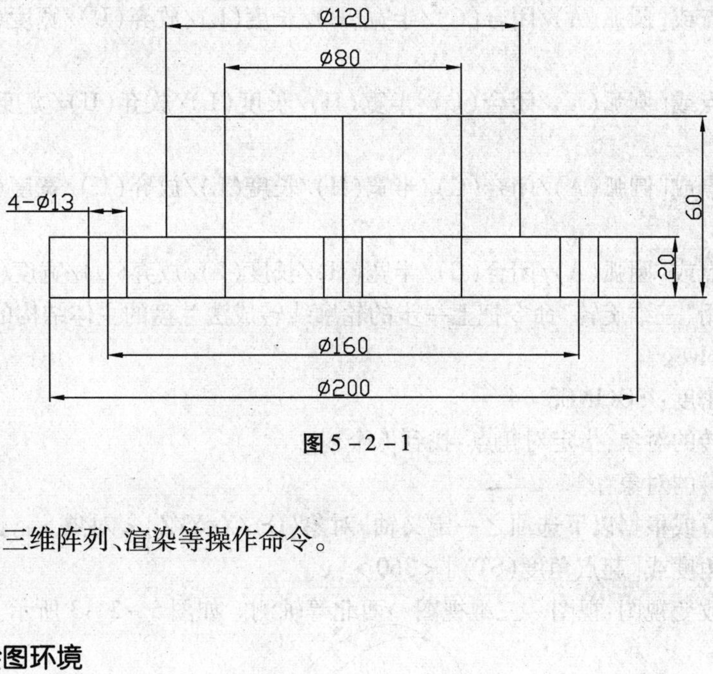

图 5－2－1

任务重点

三维旋转、三维阵列、渲染等操作命令。

任务步骤

一、设置绘图环境

第 1 步　用“LIMITS”命令设置图幅：A4(297×210)。

第 2 步　用“ISOLINES”设置线框密度。

命令：isolines↙

输入 ISOLINES 的新值 <4>：10↙

二、绘制法兰盘的主体结构

第1步 用“多段线”命令绘制法兰盘的主体结构的轮廓线。如图5－2－2所示。

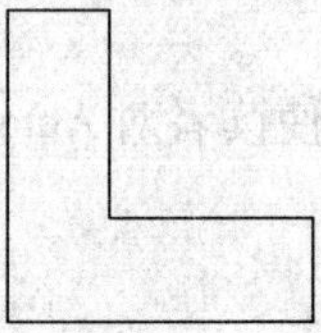

图5－2－2

命令:_pline↙

指定起点:40,0↙

当前线宽为0.0000

指定下一个点或[圆弧(A)/半宽(H)/长度(L)/放弃(U)/宽度(W)]:@60,0↙

指定下一点或[圆弧(A)/闭合(C)/半宽(H)/长度(L)/放弃(U)/宽度(W)]:@0,20↙

指定下一点或[圆弧(A)/闭合(C)/半宽(H)/长度(L)/放弃(U)/宽度(W)]:@－40,0↙

指定下一点或[圆弧(A)/闭合(C)/半宽(H)/长度(L)/放弃(U)/宽度(W)]:@0,40↙

指定下一点或[圆弧(A)/闭合(C)/半宽(H)/长度(L)/放弃(U)/宽度(W)]:@－20,0↙

指定下一点或[圆弧(A)/闭合(C)/半宽(H)/长度(L)/放弃(U)/宽度(W)]:c↙

第2步 用“三维旋转”命令把上一步的轮廓线转成法兰盘的主体结构的体轮廓。

命令:_revolve↙

当前线框密度:ISOLINES＝4

选择要旋转的对象:指定对角点:找到1个

选择要旋转的对象:↙

指定轴起点或根据以下选项之一定义轴[对象(O)/X/Y/Z]<对象>:y↙

指定旋转角度或[起点角度(ST)]<360>:↙

第3步 改变视图:视图→三维视图→西北等轴测。如图5－2－3所示。

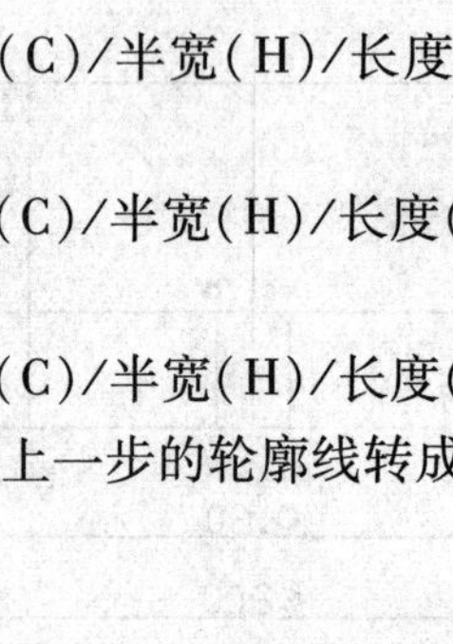

图5－2－3

三、绘制法兰盘的螺孔

第 1 步　用坐标变换命令(UCS)变换坐标系

命令:ucs↙

当前 UCS 名称: * 世界 *

指定 UCS 的原点或[面(F)/命名(NA)/对象(OB)/上一个(P)/视图(V)/世界(W)/X/Y/Z/Z 轴(ZA)]<世界>:x↙

指定绕 X 轴的旋转角度<90>:↙

第 2 步　用"圆柱体"命令画一个圆柱体。绘图→建模→圆柱体。

命令:_cylinder↙

指定底面的中心点或[三点(3P)/两点(2P)/相切、相切、半径(T)/椭圆(E)]:-80,0,0↙

指定底面半径或[直径(D)]:6.5↙

指定高度或[两点(2P)/轴端点(A)]:-20↙

第 3 步　用"三维阵列"命令复制上一步所作的圆柱体。修改→三维操作→三维阵列。如图 5-2-4 所示。

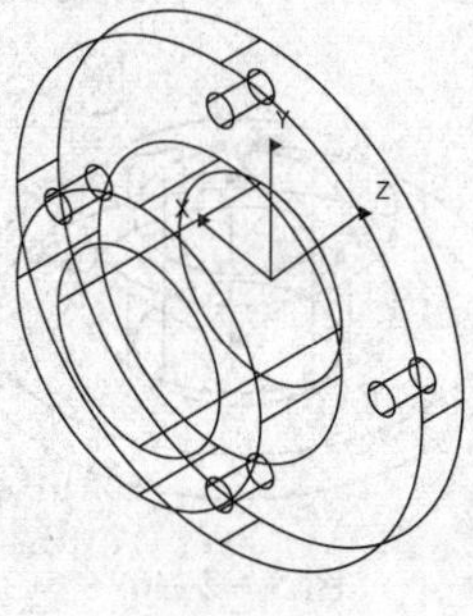

图 5-2-4

命令:_3darray↙

选择对象:找到 1 个

选择对象:↙

输入阵列类型[矩形(R)/环形(P)]<矩形>:p↙

输入阵列中的项目数目:4↙

指定要填充的角度(+=逆时针,-=顺时针)<360>:↙

旋转阵列对象?[是(Y)/否(N)]<Y>:↙

指定阵列的中心点:0,0,0↙

指定旋转轴上的第二点:0,0,-20↙

第 4 步　用"差集"命令减去上一步所复制的圆柱体。

第 5 步　用"渲染"命令渲染图形。视图→渲染→渲染。如图 5-2-5 所示。

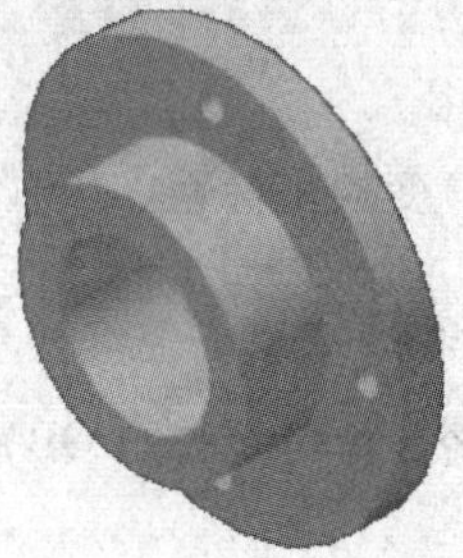

图5-2-5

本任务另外一种绘制方法如下所述。

四、绘制法兰盘的主体结构

第1步　改变视图:视图→三维视图→西南等轴测。

第2步　用“圆柱体”命令绘制三个圆柱体,一个底面中心为(0,0,0),半径为100,高度为20的圆柱体;一个底面中心为(0,0,20),半径为60,高度为40的圆柱体;一个底面中心为(0,0,0),半径为40,高度为60的圆柱体;

第3步　前两个圆柱体用“并集”合并,合并后的实体与最后一个圆柱体用差集处理。如图5-2-6所示。

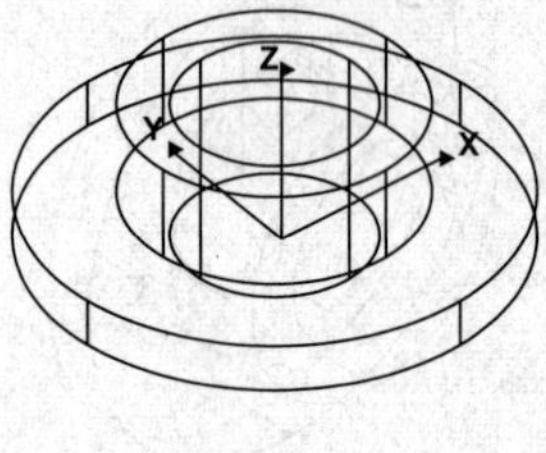

图5-2-6

第4步　用“真实”命令,观看真实效果。如图5-2-7所示。

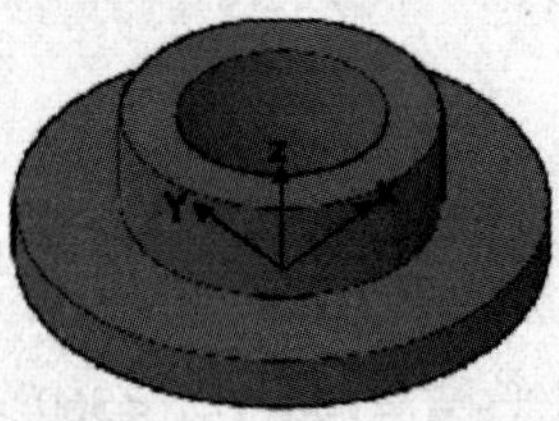

图5-2-7

五、绘制法兰盘的螺孔

第1步　用“圆柱体”命令绘制底面中心为(80,0,0),半径为6.5,高度为20的圆柱体。

第2步　用“三维阵列”命令复制上一步的圆柱体。

第3步　用“差集”命令减去上一步所复制的圆柱体。

第4步　用“渲染”命令渲染图形。如图5-2-8所示。

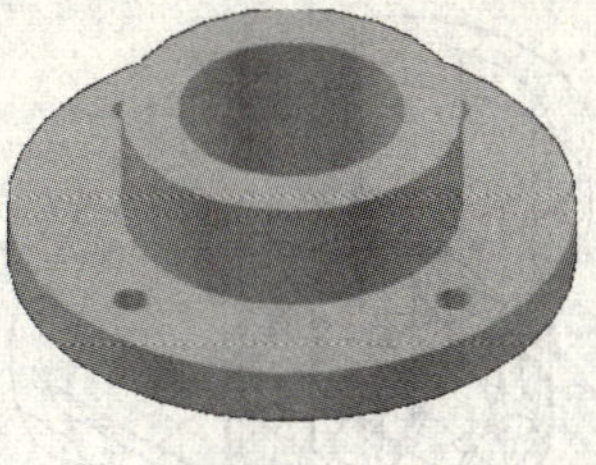

图5-2-8

任务二　实战演练　弯管接头

任务提示

分析本任务图5-2-9所示弯管接头，它主要有三部分组成：垂直部分、水平部分、垂直和水平的连接部分。垂直部分和水平部分读者可以通过大小圆柱体布尔运算实现，连接部分读者可能通过直径不同的两个球体的布尔运算实现。

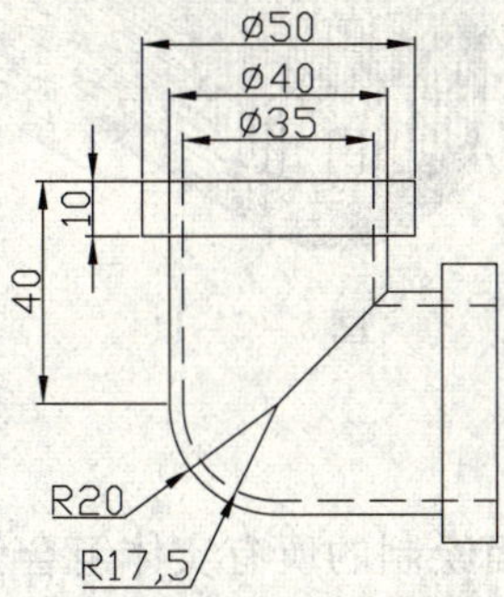

图5-2-9

任务点拨

一、设置绘图环境

第1步　用“LIMITS”命令设置图幅：A4(297×210)。

第2步　用“ISOLINES”设置线框密度为10。

二、绘制弯管主体

第1步　设置视图方向为“西南等轴测”。

第2步　用“圆柱体”命令绘制以底面中心点为(0,0,0)底面半径为20，高度为40的圆柱体；再用“圆柱体”命令绘制以底面中心点为(0,0,40)底面直径为25，高度为-10的圆柱体。

第3步　用坐标变换命令“UCS”变换坐标系，绕Y轴旋转90度。

第4步　重复第2步。

第5步　用“球体”命令(绘图→建模→球体)绘制一个圆心在原点，半径为20的球。

如图 5 – 2 – 10 所示。

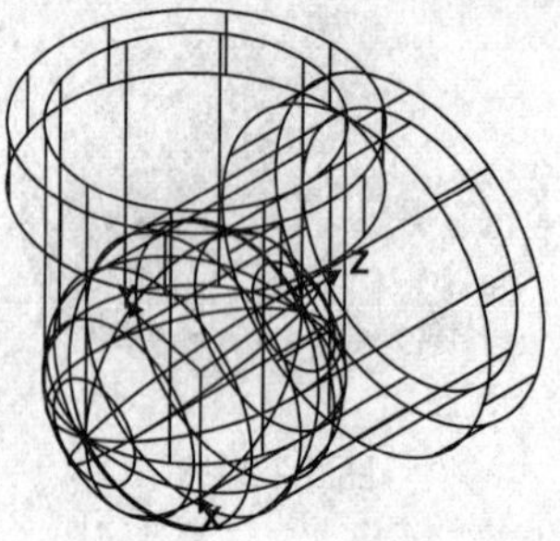

图 5 – 2 – 10

第 6 步 用"消隐"命令(视图→消隐)对绘制好的实体进行消隐。如图 5 – 2 – 11 所示。

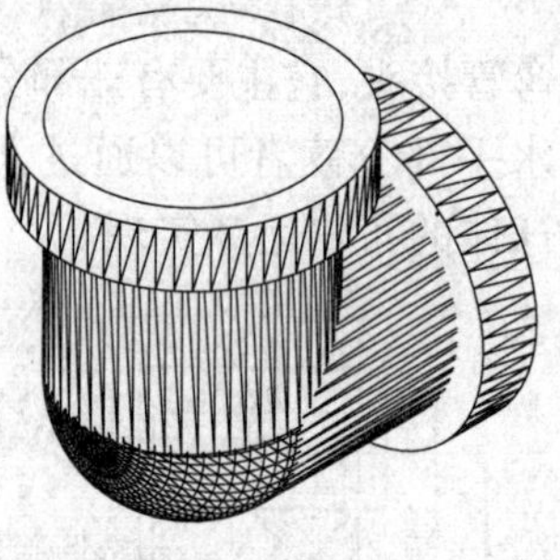

图 5 – 2 – 11

三、细化弯管

第 1 步 用"并集"命令将上面绘制的所有实体组合为一个整体。消隐后如图 5 – 2 – 12 所示。

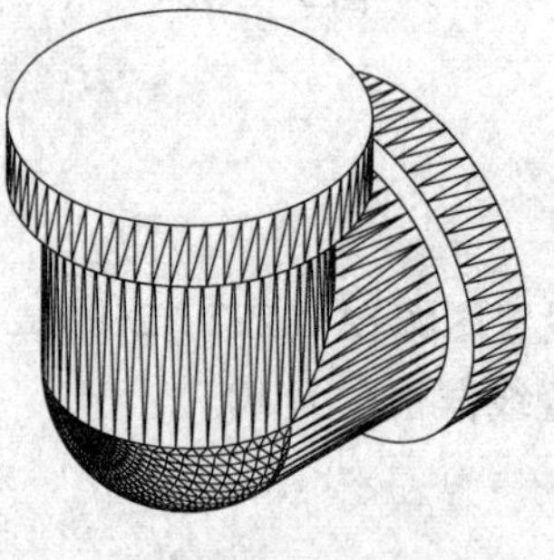

图 5 – 2 – 12

第 2 步 用"圆柱体"命令绘制底面中心点在原点,直径为 35、高度为 40 的圆柱体。

第 3 步 用坐标变换命令"UCS"变换坐标系,绕 Y 轴旋转 – 90 度。

第 4 步 重复第 2 步。

第 5 步 用"球体"命令绘制一个圆心在原点,直径为 35 的球。

第 6 步 用"差集"命令对弯管进行布尔运算。从第一步所得的整体中减去两个直径为 35 的圆柱体和直径为 35 的球体。

第 7 步 用“消隐”命令对绘制好的实体进行消隐。

第 8 步 用“渲染”命令对弯管接头进行渲染。如图 5-2-13 所示。

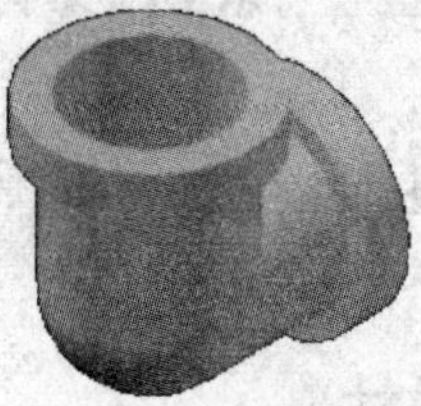

图 5-2-13

任务三 举一反三 摇杆

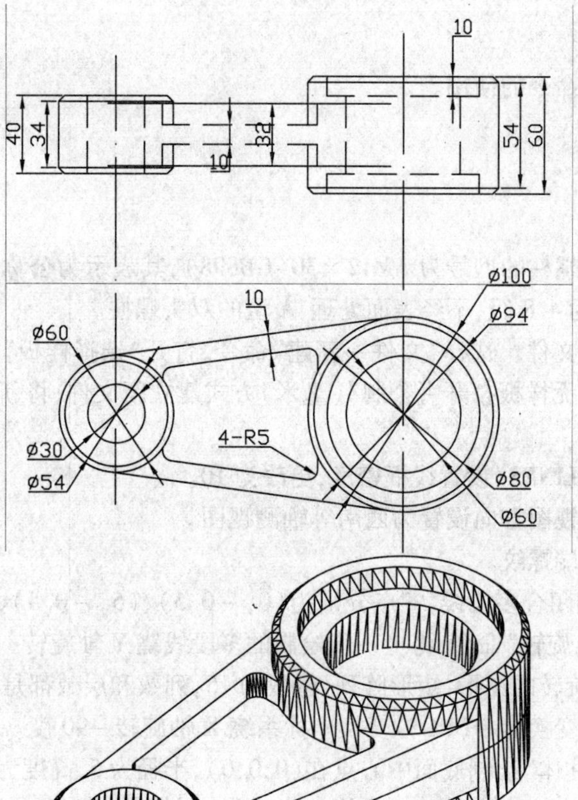

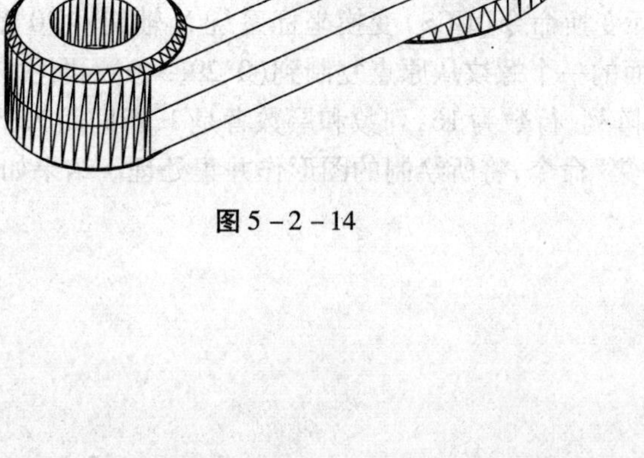

图 5-2-14

模块三 综合设计造型

本模块通过设计一些复杂的造型,使读者对 AutoCAD 有更进一步的认识,并能逐步掌握三维绘图的过程和设计思路。

任务一 全面讲解 球阀零件设计

任务分析

球阀是工程中经常用到的机械装置,它由双头螺柱、螺母、密封圈、扳手、阀杆、阀芯、压紧套、阀体和阀盖等立体图组成,本任务主要介绍球阀装配立体图各个零件的绘制。

任务重点

三维绘制与编辑命令的使用。

任务步骤

一、双头螺柱

本例绘制的双头螺柱的型号为 AM12×30(GB898),其表示为公称直径 d=12mm,长度 L=30mm,性能等级为 4.8 级,不经表面处理,A 型的双头螺柱。

第 1 步 建立新文件。选择“文件→新建”命令,打开“选择样板”对话框,单击“打开”右侧的下拉按钮,以“无样板打开-公制”(毫米)方式建立新文件;将新文件命名为“双头螺柱.dwg”并保存。

第 2 步 用“ISOLINES”设置线框密度,更改为 10。

第 3 步 将当前视图方向设置为西南等轴测视图。

第 4 步 绘制一端螺纹。

用“多段线”绘制闭合多段线,各点分别为(0,-0.5)、(5,-0.5)、(5.5,0)、(5,0.5)、(0,0.5)。再用“三维旋转”命令,将上一步绘制的多段线绕 Y 轴旋转一周。最后用“三维阵列”命令阵列上一步旋转的图形,矩形阵列,行数为 15,列数和层数都是 1,行间距为 1。

第 5 步 用坐标变换命令(UCS)变换坐标系绕 X 轴旋转 -90 度。

第 6 步 用“圆柱体”绘制底面中心点在(0,0,0),半径为 5,高度为 30 的圆柱体。

第 7 步 用坐标变换命令(UCS)变换坐标系绕 X 轴旋转 90 度。绘制另一端螺纹。用“复制”命令将最下面的一个螺纹从原点复制到(0,29.5,0);再用“三维阵列”命令阵列上一步旋转的图形,矩形阵列,行数为 16,列数和层数者是 1,行间距为 1。

第 8 步 用“并集”命令,将所绘制的图形作并集处理。结果如图 5-3-1 所示。

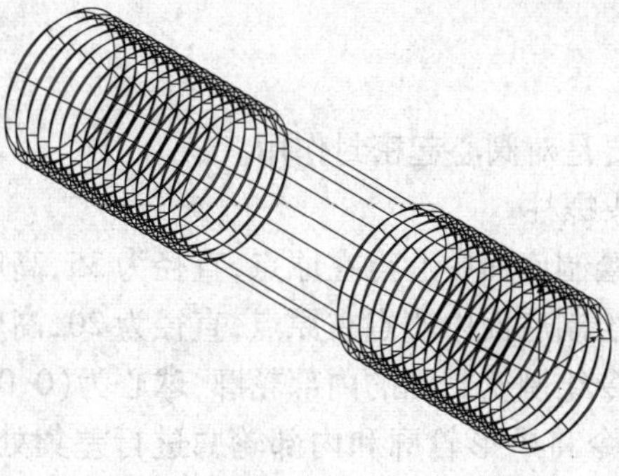

图 5-3-1

二、螺母

本例绘制的螺母型号为 M12(GB6170-2000),其表示为公称直径 D=12mm,性能等级为 10 级,不经表面处理的六角螺母。

第 1 步　前三步同双头螺柱。

第 2 步　绘制一段螺纹。

用“多段线”绘制闭合多段线,各点分别为(0,-0.5)、(6,-0.5)、(5.5,0)、(6,0.5)、(0,0.5)。再用“三维旋转”命令,将上一步绘制的多段线绕 Y 轴旋转一周。最后用“三维阵列”命令阵列上一步旋转的图形,矩形阵列,行数为 10,列数和层数都是 1,行间距为 1。用“并集”命令进行并集处理。

第 3 步　绘制外形轮廓。设置视图方向为主视图方向。用“正多边形”命令绘制外切于半径为 9 的圆的正六边形;再将当前视图方向改为西南等轴测视图;用“移动”命令,将正六边形的中心从原点移动到点(0,0,-0.5);用“拉伸”命令(修改→实体编辑→拉伸面),将正六边形拉伸为正六边体。拉伸高度为-10;再用“差集”命令将拉伸后的正多边体和阵列的螺纹进行差集处理。

第 4 步　用“倒角”命令将正六边体上下两个面相应的边倒角,倒角距离为 1。消隐后如图 5-3-2 所示。

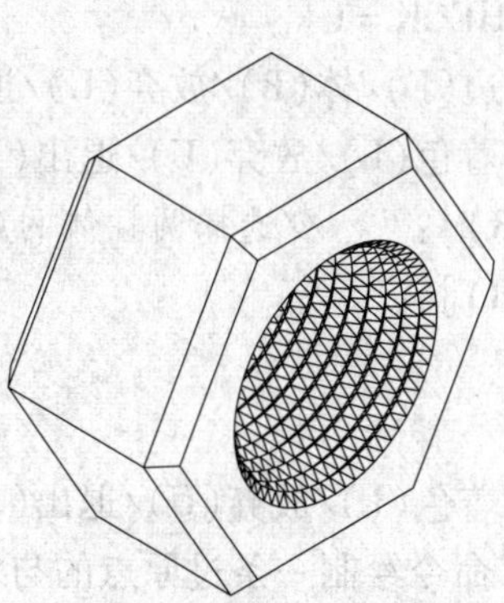

图 5-3-2

三、密封圈

本例绘制的密封圈主要是对阀心起密封作用。

第1步　前三步同双头螺柱。

第2步　用“圆柱体”绘制底面中心点在原点，直径为35，高度为6的圆柱体。

第3步　用“圆柱体”绘制底面中心点在原点，直径为20，高度为2的圆柱体。

第4步　用“球体”命令绘制密封圈的内部轮廓，球心为(0,0,19)，半径为20。

第5步　用“差集”命令将外形轮廓和内部轮廓进行差集处理。结果如图5－3－3所示。

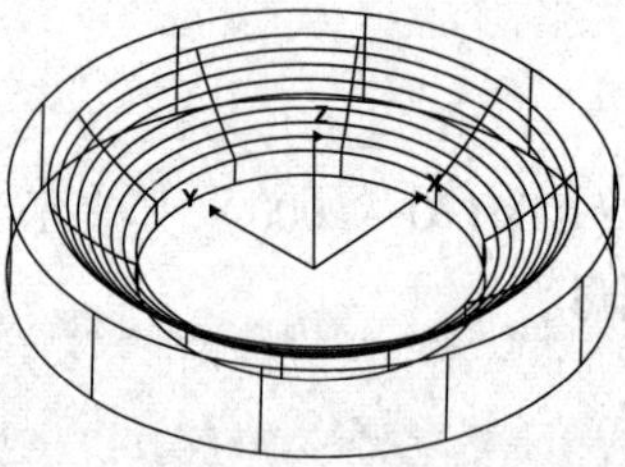

图5－3－3

四、扳手

本例绘制的扳手和阀杆相连，在球阀中通过它对阀杆施力，其通过端部的方孔套和阀杆相连。

第1步　前三步同双头螺柱。

第2步　绘制端部。

A. 用“圆柱体”绘制底面中心点位于原点，半径为19，高度为10的圆柱体。

B. 复制圆柱体底边(solidedit)：将圆柱体的底边在原位置进行复制。

命令：solidedit↙

实体编辑自动检查：SOLIDCHECK＝1

输入实体编辑选项［面(F)/边(E)/体(B)/放弃(U)/退出(X)］<退出>：e↙

输入边编辑选项［复制(C)/着色(L)/放弃(U)/退出(X)］<退出>：c↙

选择边或［放弃(U)/删除(R)］：　　//选择圆柱体的底边

选择边或［放弃(U)/删除(R)］：↙

指定基点或位移：0,0,0↙

指定位移的第二点：0,0,0↙

输入边编辑选项［复制(C)/着色(L)/放弃(U)/退出(X)］<退出>：↙

C. 绘制辅助线：用“构造线”命令绘制一条过原点的与水平线成135度的辅助线。

D. 修剪对象：用“修剪”命令修建辅助线内侧的圆柱体底边的部分，以及辅助线在圆柱体底边外侧部分。

E. 创建面域：用“面域”命令将修剪后的图形创建为面域。

F. 拉伸面域:用“拉伸”命令将上一步创建的面域拉伸3。

G. 差集处理:用“差集”命令将创建的面域拉伸与圆柱体进行差集处理。

H. 绘制圆柱体和长方体:用“圆柱体”绘制以坐标原点为圆心,直径为14,高为10的圆柱体;用“长方体”命令,以(0,0,5)为中心点绘制长为11,宽度为11,高度为10的正方体。

I. 交集处理:用“交集”命令,将上一步绘制的圆柱体与长方体进行交集处理。

J. 差集处理:用“差集”命令,将绘制的圆柱体外形轮廓和交集后的图形进行差集处理。

第3步　将当前视图设置为俯视图方向。用“直线”命令绘制一条线段,作为辅助线,直线的起点为(0,-8),终点为(@20,0);用“矩形”命令绘制在直线与外圆交点及点(60,16)之间绘制一个矩形;再用“矩形”命令在刚绘制的矩形右下角点及(100,16)之间绘制一个矩形;用“删除”命令删除辅助线;用“分解”命令,将右边绘制的矩形分解;用“圆角”命令将右边矩形的两边进行圆角处理,半径为8mm。结果如图5-3-4所示。

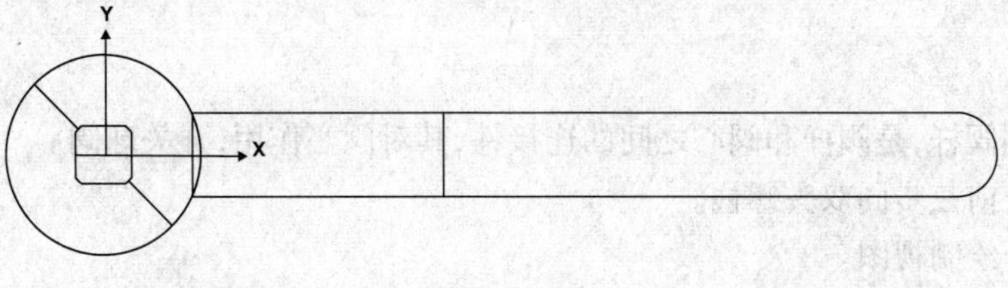

图5-3-4

第4步　用“面域”命令将左、右两个矩形创建为面域;用“拉伸”命令分别将两个面域拉伸6mm;将当前视图设置为主视图方向;用“三维旋转”命令将图中矩形绕Z轴上的原点旋转30度;结果如图5-3-5所示。

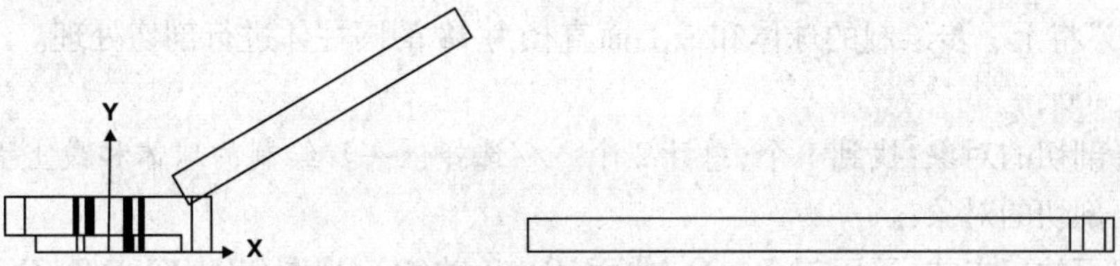

图5-3-5

第5步　用“移动”命令将右边的矩形移动到左边矩形右上角点;用“并集”命令将视图中的所用图形并集处理;将当前视图设置为西南等轴测方向;用“圆柱体”命令,以右端圆弧圆心为中心点,绘制直径为8、高为6的圆柱体。

第6步　用“差集”命令将实体与圆柱体进行差集处理。消隐后结果如图5-3-6所示。

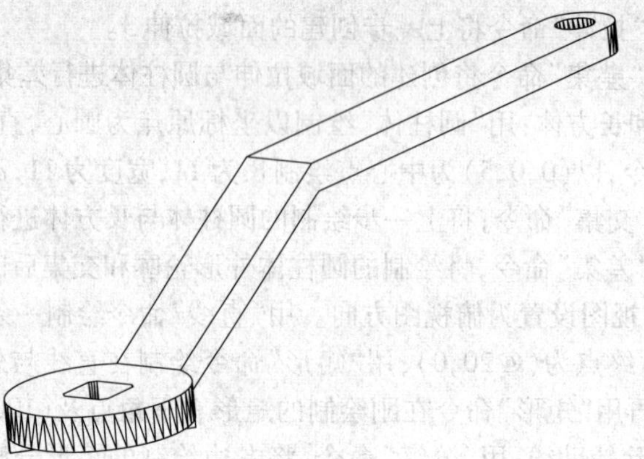

图5-3-6

五、阀杆

本例绘制阀杆,是阀杆和阀心之间的连接件,其对阀心作用,开关球阀。

第1步 前三步同双头螺柱。

第2步 绘制视图。

A. 用“圆柱体”命令绘制原点为圆心,半径为7,高度为14的圆柱体;绘制以(0,0,14)为圆心,半径为7,高度为24的圆柱体;绘制以(0,0,38)为圆心,半径为9,高度为5的圆柱体;绘制以(0,0,43)为圆心,半径为9、高度为5的圆柱体。

B. 用“球体”(修改→三维操作→剖切)命令绘制以(0,0,30)为球心,半径为20的球体;用“剖切”将上一步绘制的球体和最上面直径为18的圆柱体进行剖切处理。

命令:_slice

选择要剖切的对象:找到1个,总计2个 //选择上一步绘制的球体和最上面的圆柱体

选择要剖切的对象:↙

指定切面的起点或[平面对象(O)/曲面(S)/Z轴(Z)/视图(V)/XY/YZ/ZX/三点(3)]<三点>:zx↙

指定ZX平面上的点<0,0,0>:0,4.25↙

在所需的侧面上指定点或[保留两个侧面(B)]<保留两个侧面>:0,4↙

命令:SLICE

选择要剖切的对象:找到1个,总计2个 //选择上一步绘制的球体和最上面的圆柱体

选择要剖切的对象:↙

指定切面的起点或[平面对象(O)/曲面(S)/Z轴(Z)/视图(V)/XY/YZ/ZX/三点(3)]<三点>:zx↙

指定ZX平面上的点<0,0,0>:0,-4.25↙

在所需的侧面上指定点或[保留两个侧面(B)]<保留两个侧面>:0,-4↙

命令:SLICE

选择要剖切的对象:找到1个 //选择剖切后的球体

选择要剖切的对象:↙

指定切面的起点或[平面对象(O)/曲面(S)/Z轴(Z)/视图(V)/XY/YZ/ZX/三点(3)]<三点>:xy↙

指定XY平面上的点<0,0,0>:0,0,48↙

在所需的侧面上指定点或[保留两个侧面(B)]<保留两个侧面>:0,0,52↙

C. 用“倒角”命令对最下端的圆柱体的下边进行倒角,倒角距离为2;用“长方体命令绘制长方体,以(0,0,7)为中心,长和宽为11,高度为-14;用“三维旋转”命令,将长方体以Z轴为旋转轴,以坐标原点为旋转轴上的点,将长方体旋转45度;用“交集”命令将最下面的圆柱体和旋转后的长方体进行交集处理。

第3步　用“并集”命令将视图中所用的图形合并为一个实体。

第4步　将视图调整到合适的位置。消隐后结果如图图5-3-7所示。

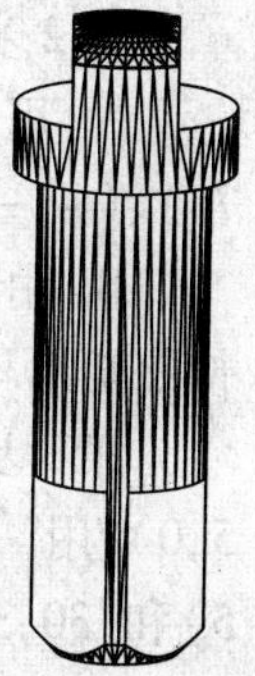

图5-3-7

六、阀心

本例绘制的阀心,主要起开关球阀的作用。

第1步　前三步同双头螺柱。

第2步　用“球体”命令,绘制球心在原点,半径为20的球;用“剖切”命令,将球体沿过点(-16,0,0)的YZ轴方向进行剖切处理。

第3步　用“圆柱体”命令分别绘制两个圆柱体。一个是底面中心点是原点,半径为10,顶圆圆心是(-16,0,0);一个是底面中心点是(0,0,48),半径为34,顶圆圆心是(-5,0,48)。

第4步　用“三维镜像”命令将上一步绘制的两个圆柱体沿过原点的YZ轴进行镜像。

第5步　用“差集”命令,球体与四个圆柱体进行差集处理。消隐后结果如图图5-3-8所示。

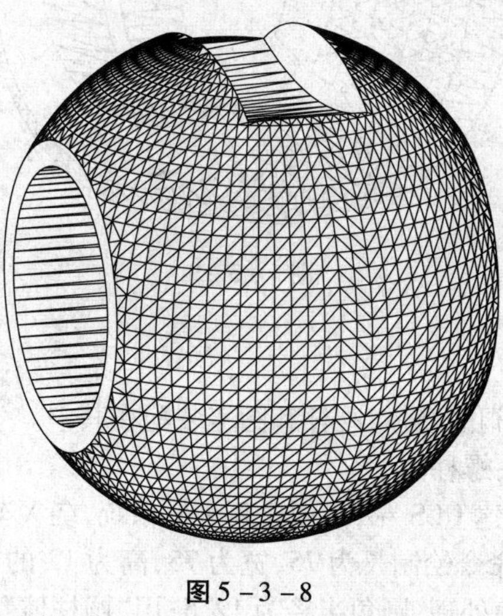

图5-3-8

七、压紧套

本例绘制压紧套，其和阀体相连，在球阀中通过它对阀体施力，其通过端部的方孔套和阀体相连。

第 1 步　前三步同双头螺柱。

第 2 步　绘制螺纹。

A. 用“多段线”绘制封闭的线段，各点如下，(0,0)、(11,0)、(@1,0.75)、(@ -1,0.75)、(@ -11,0)。

B. 用“三维旋转”命令，对上一步绘制的多段线绕 Y 轴旋转一周；用“三维阵列”命令，按照矩形阵列旋转后的图形，行数为 7，列数为 1，层数为 1，行间距为 1.5。

第 3 步　用“圆柱体”命令绘制底面中心为(0,10.5,0)，半径为 11，顶圆圆心为(0,14.5,0)；用“并集”命令将视图中所有的图形并集处理；用“长方体”命令，在角点(-15,0, -1.5)和(30,3,3)之间绘制一个长方体；用“差集”命令，将并集后的图形与长方体进行差集处理。

第 4 步　用“圆柱体”命令，绘制两个圆柱体，一为底面中心为圆心，半径为 8，顶圆圆心为(0,5,0)；另一个底面中心为圆心，半径为 7，顶圆圆心为(0,10,0)。用“差集”命令，将并集后的图形与两个圆柱体进行差集处理。消隐后结果如图 5 -3 -9 所示。

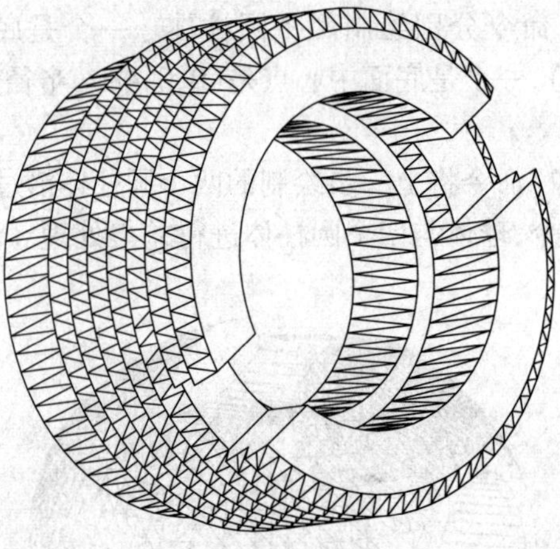

图 5 -3 -9

八、阀体

本例绘制的阀体，是球阀的箱体，阀杆和阀盖装配在其中。

第 1 步　前三步同双头螺柱。

第 2 步　用“工具→新建 UCS→X”，创建新坐标系统，绕 X 轴旋转 90 度。

第 3 步　用“长方体”命令绘制长为 75，宽为 75，高为 12 的长方体；用“圆角”命令对长方体的四个竖直边进行圆角处理，圆角半径为 12.5；用“圆柱体”命令绘制以(0,0,6)为底面圆心，直径为 55、高度为 17 的圆柱体；用“球体”命令绘制以(0,0,23)为球心，直径为 55 的球体；再利用“圆柱体”命令绘制以(0,0,69)为底面圆心两个圆柱体，一个半径为 18，高度为

-15,另一个半径为16,高度为-34;将视图中所有的图形合并为一个实体,消隐后如图5-3-10所示。

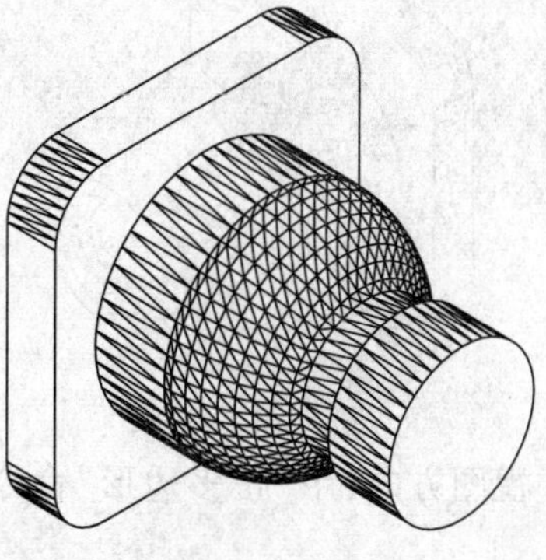

图5-3-10

第4步　绘制圆柱体,用"圆柱体"命令,绘制从左至右的内部圆柱体:

A. 底面中心点为(0,0,-6),半径为25,高度为5;

B. 底面中心点为(0,0,-1),半径为21.5,高度为29;

C. 底面中心点为(0,0,28),半径为17.5,高度为7;

D. 底面中心点为(0,0,35),半径为10,高度为29;

E. 底面中心点为(0,0,64),半径为14.25,高度为5;

第5步　创建新的坐标系,坐标原点为(0,56,15)。

第6步　用"圆柱体"命令绘制上端的圆柱体,以原点为底面圆心,半径为18,顶圆圆心为(0,-50,0)。

第7步　用"圆柱体"命令绘制上端内部圆柱体。

A. 以原点为圆心,半径为13,顶圆圆心为(0,-4,0);

B. 底面中心点为(0,-4,0),半径为12,顶圆圆心为(@0,-9,0);

C. 底面中心点为(0,-13,0),半径为12.15,顶圆圆心为(@0,-3,0);

D. 底面中心点为(0,-16,0),半径为11,顶圆圆心为(@0,-13,0);

E. 底面中心点为(0,-29,0),半径为9,顶圆圆心为(@0,-27,0)。

第8步　差集处理:从并集后的图形和第6步绘制的圆柱体减去第4步和第7步绘制的5个圆柱体。

第9步　创建新的坐标系,以世界坐标系为新的坐标系。用"圆"命令绘制以(0,-15,56)为圆心,半径为13和以(0,-15,56)为圆心,半径为18的两个圆;用"构造线"命令绘制过点(0,-15,56)、与轴成45度的直线和过点(0,-15,56)、与轴成135度的直线。

第10步　用"修剪"命令将绘制的两个圆和两条直线进行修剪;用"面域"命令将修剪后的图形创建为面域;用"拉伸"命令将面域拉伸为实体,拉伸高度为-2。用"差集"命令将实体与拉伸后的面域进行差集处理。消隐后如图5-3-11所示。

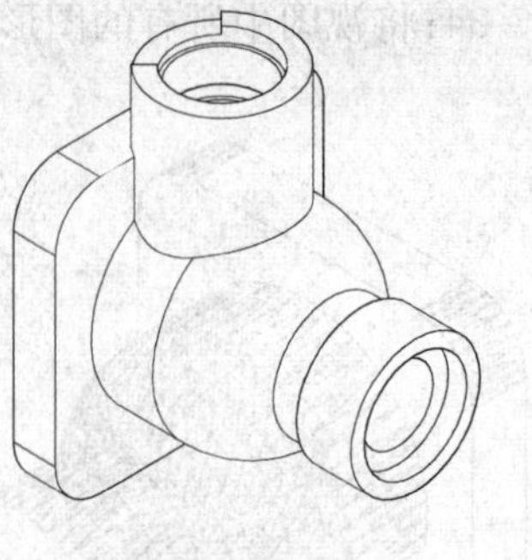

图 5-3-11

第 11 步　将视图设置为左视图方向;用“正多边形”命令绘制一边长为 2 的正三角形;结果如图 5-3-12 所示。

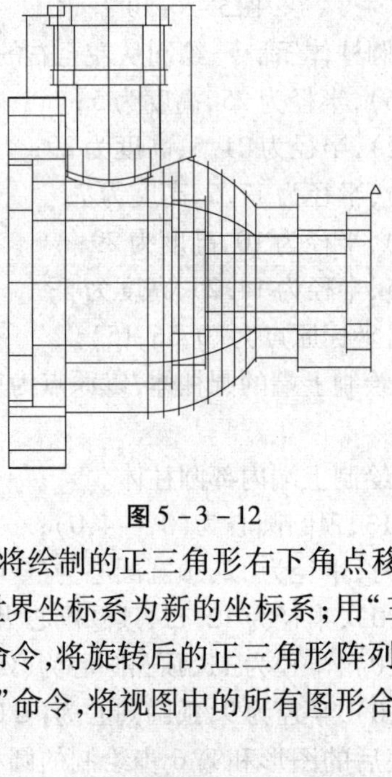

图 5-3-12

第 12 步　用“移动”命令,将绘制的正三角形右下角点移动到左下角点位置;将视图设置为西南等轴测视图方向;以世界坐标系为新的坐标系;用“三维旋转”命令,将正三角形绕 Y 轴旋转一周;用“三维阵列”命令,将旋转后的正三角形阵列 10 行,一列一层,行间距为 1.5,使之成为螺纹形状;用“并集”命令,将视图中的所有图形合并为一个实体。消隐后如图 5-3-13 所示。

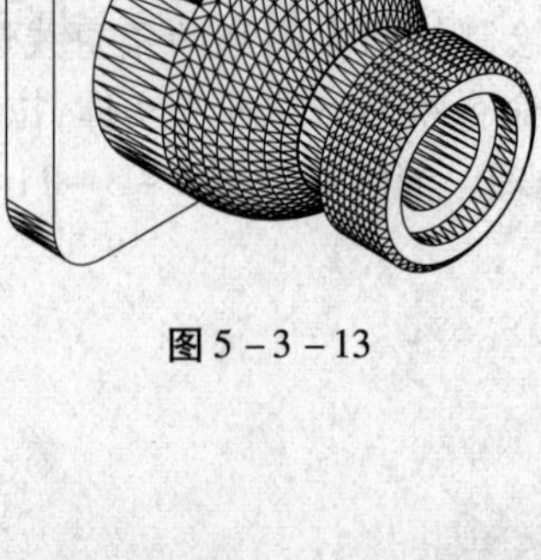

图 5-3-13

第 13 步　用“多段线”命令，连接(0, -100)、(@5,0)、(@0.75,0.75)、(@ -0.75,0.75)、(@ -5,0)，使之闭合；用“三维旋转”命令，旋转多段线绕 Y 轴旋转一周；用“三维阵列”命令，将旋转所得图形阵列 8 行，行间距为 1.5；用“并集”命令将三维阵列的螺纹合并为一个实体。用“复制”命令，将并集后的螺纹从点(0, -100,0)分别复制到(-25, -6, -25)、(-25, -6,25)、(25, -6,25)、(25, -6, -25)；删除初始时绘制的螺纹；用“差集”命令将实体与复制后的 4 个螺纹进行差集处理。消隐后如图 5 -3 -14 所示。

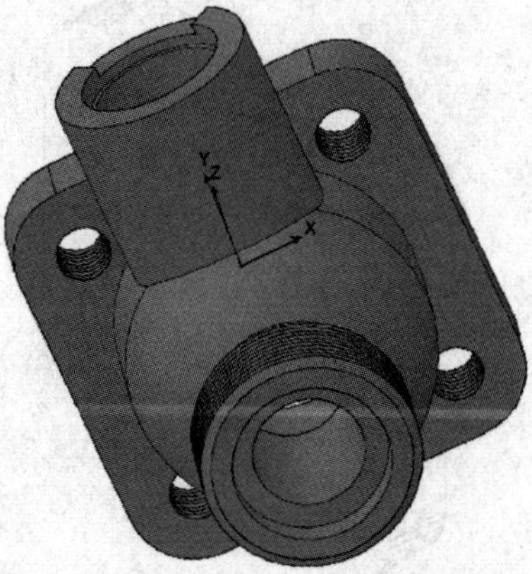

图 5 -3 -14

九、阀盖

本例绘制的阀盖，主要起开关球阀的作用。

第 1 步　前三步同双头螺柱。

第 2 步　用“多段线”命令，连接点(0,0)、(17,0)、(@1, -1)、(@ -1, -1)、(@ -17,0)，使之成为封闭曲线；用“三维旋转”命令将绘制多段线绕 Y 轴旋转一周；用“三维阵列”命令，将旋转后的图形阵列 8 行，行间距为 -2；并集处理图形。

第 3 步　用“圆柱体”命令，绘制以原点为底面圆心、半径为 17、顶圆圆心为(0, -38,0)的圆柱体；用“长方体”命令，绘制以(0, -26,0)为中心点、长度为 75、宽度为 12、高度为 75 的长方体；用“圆角”命令，对绘制的长方体的四个竖直边进行圆角处理，圆角半径为 12.5。

第 4 步　用“圆柱体”命令，绘制一系列圆柱体。

A. 底面中心点为(0, -38,0)，半径为 26.5，顶圆圆心为(@0, -1,0)；

B. 底面中心点为(0, -39,0)，半径为 25，顶圆圆心为(@0, -5,0)；

C. 底面中心点为(0, -44,0)，半径为 20.5，顶圆圆心为(@0, -4,0)；

第 5 步　用“并集”命令，将视图中所有的图形合并为一个实体。

第 6 步　绘制内部轮廓。用“圆柱体”命令，绘制一系列圆柱体。

A. 底面中心点为(0,0,0)，半径为 14.25，顶圆圆心为(0, -5,0)；

B. 底面中心点为(0, -5,0)，半径为 10，顶圆圆心为(0, -36,0)；

C. 底面中心点为(0, -41,0)，半径为 17.5，顶圆圆心为(@0, -7,0)；

第 7 步　用“差集”命令，将实体和上一步绘制的三个圆柱体进行差集处理。

第8步 用“多段线”命令，连接(0，-100)、(@5,0)、(@0.75,0.75)、(@ -0.75,0.75)、(@ -5,0)，使之闭合；用“三维旋转”命令，旋转多段线绕Y轴旋转一周；用“三维阵列”命令，将旋转得到的图形阵列8行，行间距为1.5；用“并集”命令将三维阵列的螺纹合并为一个实体。用“复制”命令，将并集后的螺纹从点(0，-100,0)分别复制到(-25，-38，-25)、(-25，-38,25)、(25，-38,25)、(25，-38，-25)；删除初始时绘制的螺纹；用“差集”命令将实体与复制后的4个螺纹进行差集处理。消隐后如图5-3-15所示。

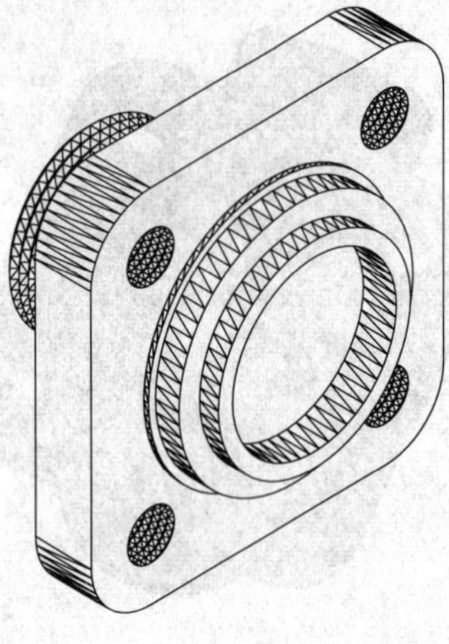

图5-3-15

任务二 实战演练 球阀装配图

任务提示

本任务绘制一球阀装配图。首先打开任务一绘制的基准零件图，将其变为平面视图；然后打开要装配的零件，将其变为平面视图，将要装配的零件图复制粘贴到基准零件图；再通过确定合适的点，将要装配的零件图装配到基准零件图，并进行干涉检查；最后，通过着色及变换视图方向将装配图设置为合理的位置和颜色。装配图一般按实际装配顺序逐个装配。

任务点拨

一、设置绘图环境

第1步 建立新文件。选择“文件→新建”命令，打开“选择样板”对话框，单击“打开”右侧的下拉按钮，以“无样板打开-公制”(毫米)方式建立新文件；将新文件命名为“球阀装配图.dwg”并保存。

第2步 用“ISOLINES”设置线框密度，更改为10。

第3步 将当前视图方向设置为西南等轴测视图。

第4步 设置绘图工具栏：调出“标准”、“图层”、“对象特性”、“绘图”、“修改”、“标注”这六个工具栏。

二、装配壳体立体图

第 1 步　打开“阀体.dwg”,设置视图方向为左视图方向。

第 2 步　用“编辑→复制”命令,将“阀体”图形复制到“球阀装配图”中,指定插入点为(0,0)结果如图 5－3－16 所示。

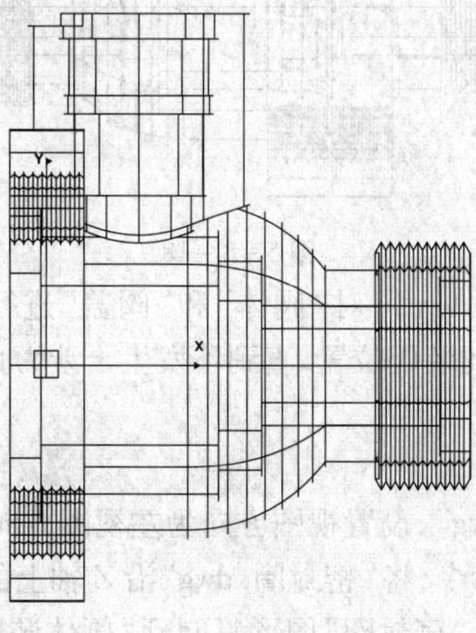

图 5－3－16

三、装配阀盖立体图

第 1 步　打开“阀盖.dwg”,设置视图方向为左视图方向。

第 2 步　将“阀盖立体图”复制到“球阀装配图”中,将插入点指定为一合适的位置,如图 5－3－17 所示。

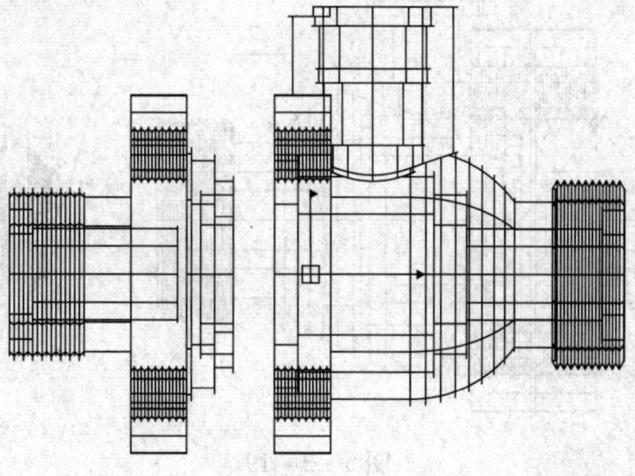

图 5－3－17

第 3 步　用“移动”命令,将“阀盖”从右边第二条线移动到“阀体”从左向右第二条竖线重合。如图 5－3－18 所示。

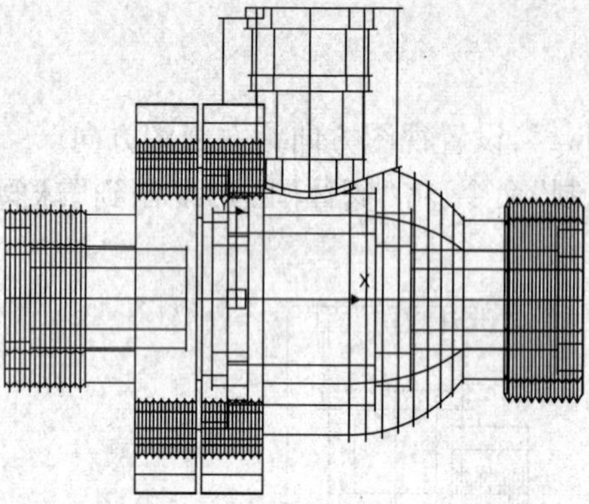

图 5-3-18

第 4 步　用干涉命令(interfere),对“阀体”和“阀盖”进行干涉检查,如果发生干涉,则检查装配是否到位,调整相应的装配位置,直到不发生干涉为止。

四、装配密封圈

第 1 步　打开“密封圈.dwg”,设置视图方向为左视图方向。

第 2 步　用“三维旋转”命令,将“密封圈.dwg”沿 Z 轴上的原点旋转 90 度。

第 3 步　用“复制”命令将“密封圈”图形复制到“阀体装配图”中,重复复制一次“密封圈”,将插入点指定为一合适的位置。

第 4 步　用“三维旋转”命令,将左边的“密封圈”绕原点沿 Z 轴旋转 90 度。

第 5 步　用“移动”命令,将左边的“密封圈”从图 5-3-19 中点 3 移动到点 1,将右边的“密封圈”从点 4 移动到点 2。

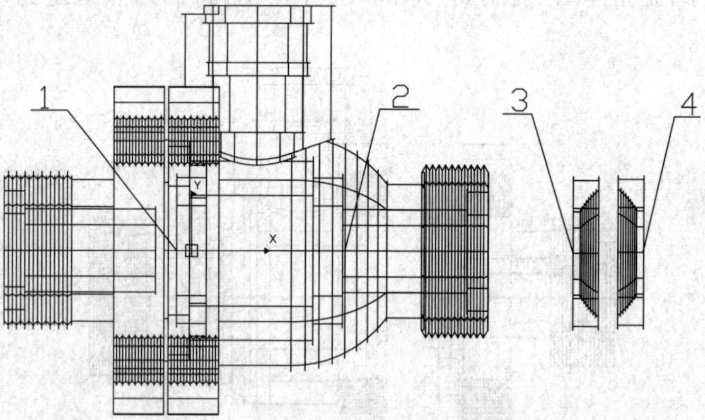

图 5-3-19

第 6 步　用“干涉”命令进行干涉。

五、装配阀芯

第 1 步　打开“阀芯.dwg”,设置视图方向为主视图方向。

第 2 步　用“复制”命令,将“阀芯”图形复制到“球阀装配图”中,将插入点指定为一合适的位置。

第3步　用“移动”命令，将“阀芯”图从阀芯的圆心移动到“球阀装配图”中密封圈的圆心。结果如图5－3－20所示。

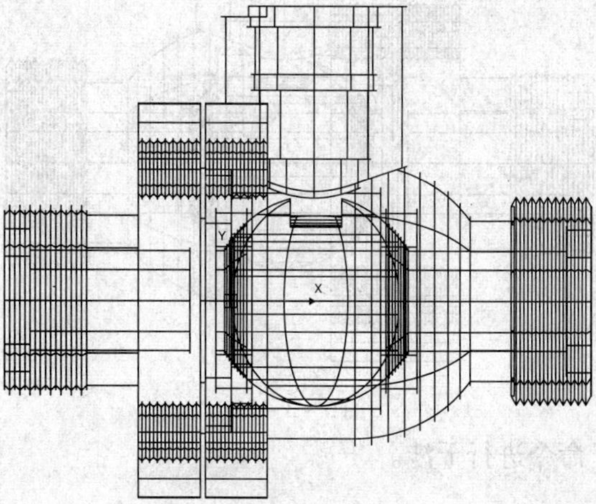

图5－3－20

第4步　用“干涉”命令进行干涉。

六、装配压紧套

第1步　打开“压紧套.dwg”，设置视图方向为左视图方向。

第2步　用“三维旋转”命令，将“压紧套”图形绕Z轴上的原点旋转180度。

第3步　用“复制”命令，将“压紧套”图形复制到“阀体装配图”中，将插入点指定为一合适位置，结果如图5－3－21所示。

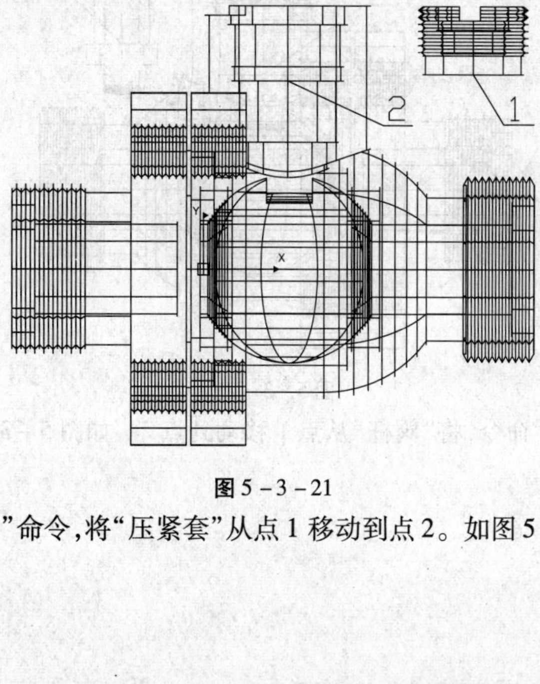

图5－3－21

第4步　用“移动”命令，将“压紧套”从点1移动到点2。如图5－3－22所示。

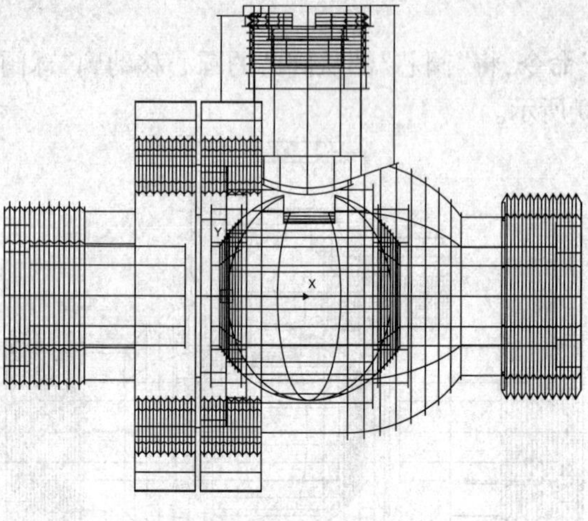

图 5－3－22

第 5 步　用“干涉”命令进行干涉。

七、装配阀杆

第 1 步　打开“阀杆. dwg”，设置视图方向为主视图方向。

第 2 步　用“三维旋转”命令，将“阀杆”图形绕 Z 轴上的原点旋转 180 度。

第 3 步　用“复制”命令，将“阀杆”图形复制到“阀体装配图”中，将插入点指定为一合适位置。如图 5－3－23 所示。

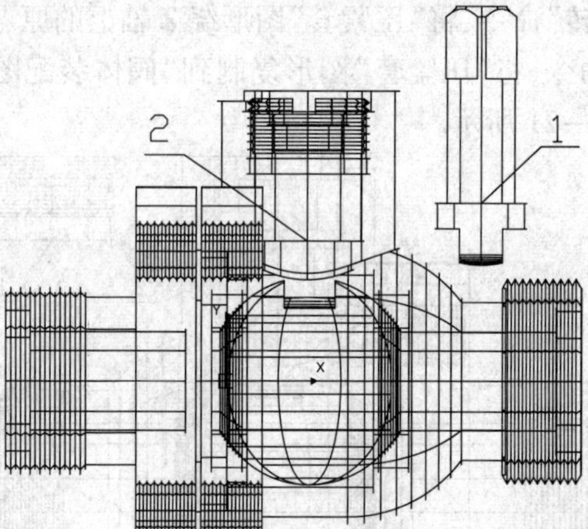

图 5－3－23

第 4 步　用“移动”命令，将“阀杆”从点 1 移动到点 2。如图 5－3－24 所示。

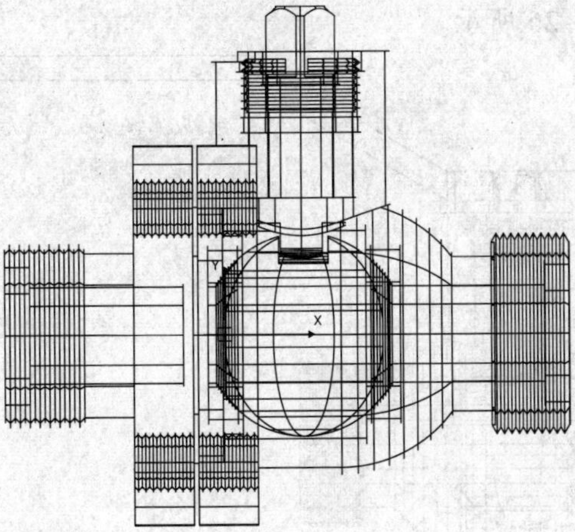

图 5-3-24

第 5 步 用"干涉"命令进行干涉。

八、装配扳手

第 1 步 打开"扳手. dwg",设置视图方向为主视图方向。

第 2 步 用"复制"命令,将"扳手"图形复制到"阀体装配图"中,将插入点指定为一合适位置。

第 3 步 用"移动"命令,将"扳手"从左部的圆心移动到阀杆上部的圆心位置,如图 5-3-25 所示。

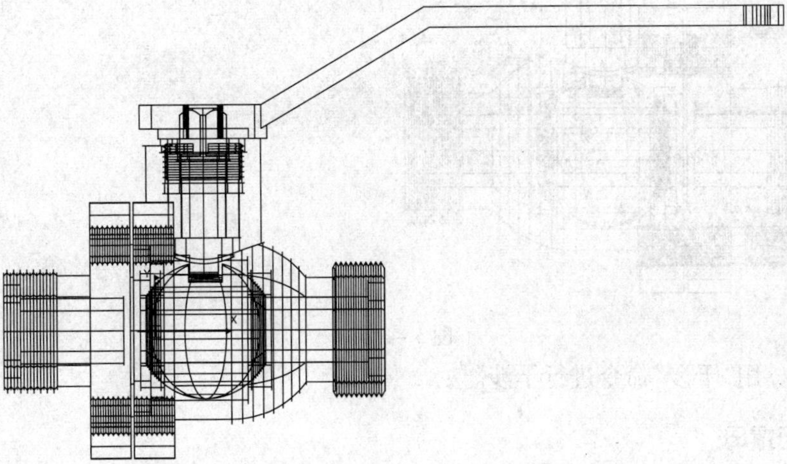

图 5-3-25

第 4 步 用"干涉"命令进行干涉。

九、装配双头螺柱

第 1 步 打开"双头螺柱. dwg",设置视图方向为左视图方向。

第 2 步 用"复制"命令,将"双头螺柱"图形复制到"阀体装配图"中,将插入点指定为一合适位置。如图 5－3－26 所示。

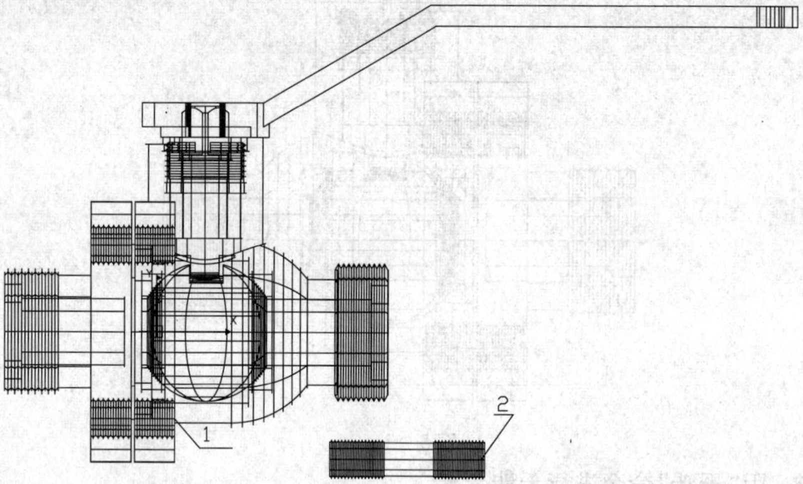

图 5－3－26

第 3 步 用“移动”命令,将“双头螺柱”从点 2 移动到点 1,如图 5－3－27 所示。

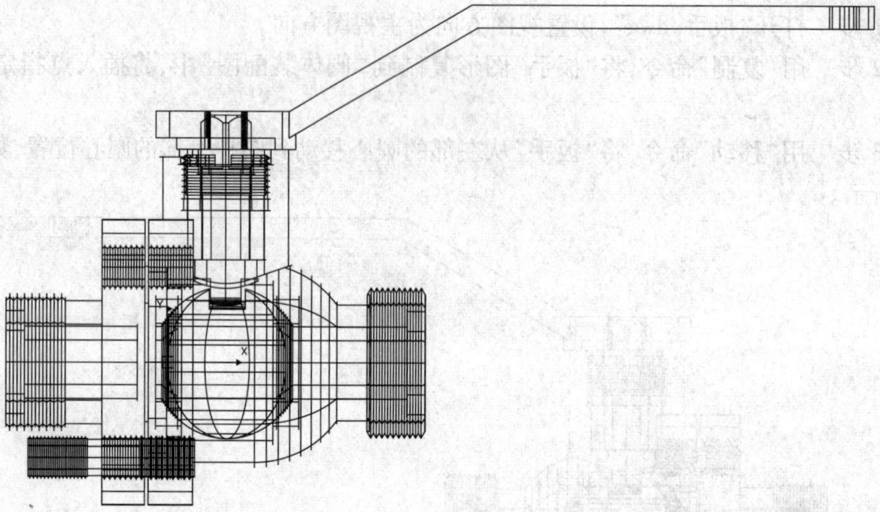

图 5－3－27

第 4 步 用“干涉”命令进行干涉。

十、装配螺母

第 1 步 打开“螺母. dwg”,设置视图方向为左视图方向。

第 2 步 用“复制”命令,将“螺母”图形复制到“阀体装配图”中,将插入点指定为一合适位置。如图 5－3－28 所示。

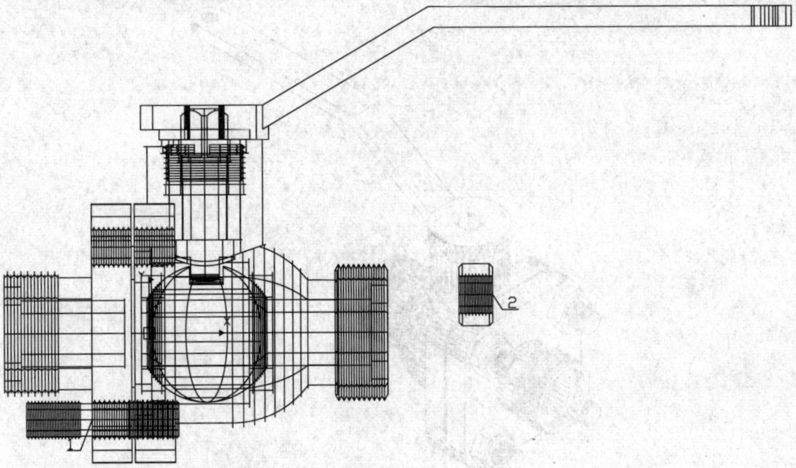

图 5-3-28

第 3 步 用“移动”命令，将“螺母”从点 2 移动到点 1，如图 5-3-29 所示。

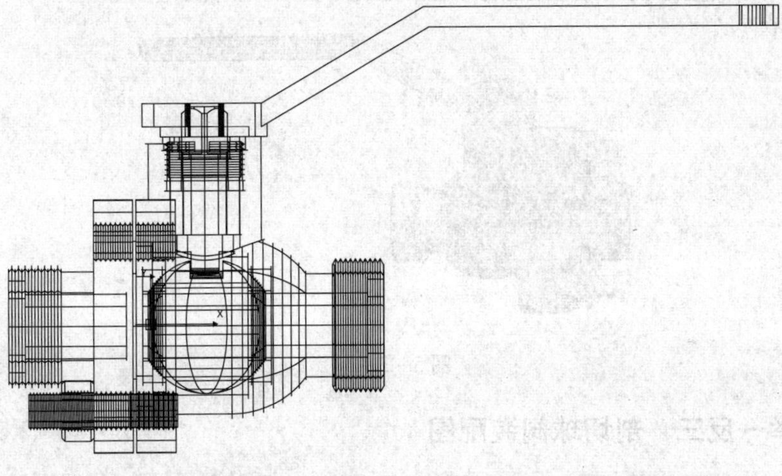

图 5-3-29

第 4 步 用“干涉”命令进行干涉。

第 5 步 将当前视图设置为左视图方向，用“三维阵列”命令，将“双头螺柱”和“螺母”进行三维阵列，阵列 2 行、2 列，行间距为 50，列间距为 -50；将视图方向设置为西南等轴测方向，消隐后结果如图 5-3-30 所示。渲染后结果如图 5-3-31 所示。

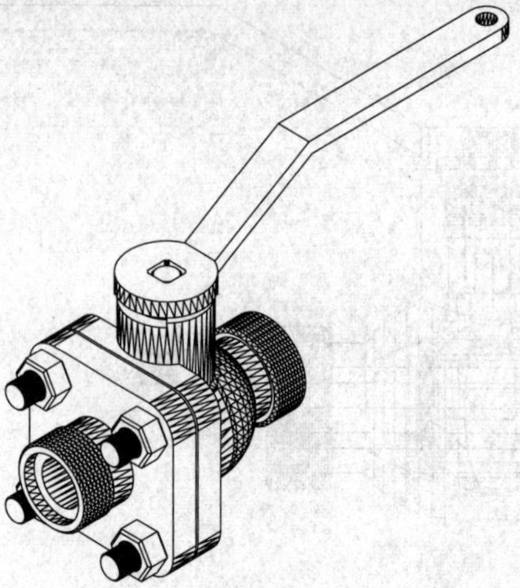

图 5－3－30

第 6 步　用"渲染"命令,渲染图形,结果如图 5－3－31 所示。

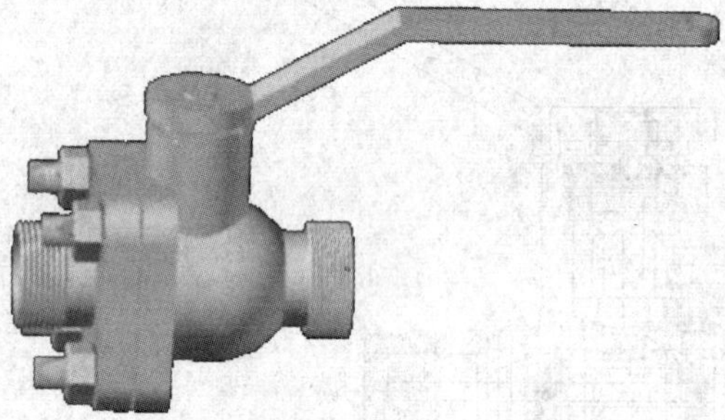

图 5－3－31

任务三　举一反三　剖切球阀装配图

剖切图是一种特殊视图,既可以表达外部形状,也可以表达内部结构。

核心提示

一、1/2 剖切视图

第 1 步　打开"球阀装配图. dwg"

第 2 步　用"剖切"命令,对球阀装配图进行 1/2 剖切处理,操作如下:

命令:_slice

选择要剖切的对象:　　//选择阀盖、阀体、左边的密封圈和阀芯

选择要剖切的对象:↙

指定切面的起点或[平面对象(O)/曲面(S)/Z 轴(Z)/视图(V)/XY/YZ/ZX/三点(3)]<三点>:yz↙

指定 YZ 平面上的点 <0,0,0>:↙

在所需的侧面上指定点或[保留两个侧面(B)]<保留两个侧面>:-1,0,0↙

消隐后结果如图5-3-32所示。

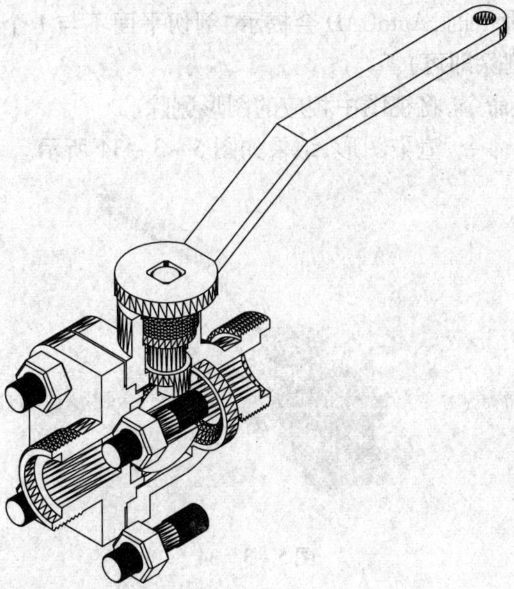

图5-3-32

第3步 用"删除"命令,将YZ平面右侧的两个"双头螺柱"和两个"螺母"删除,消隐后结果如图5-3-33所示。

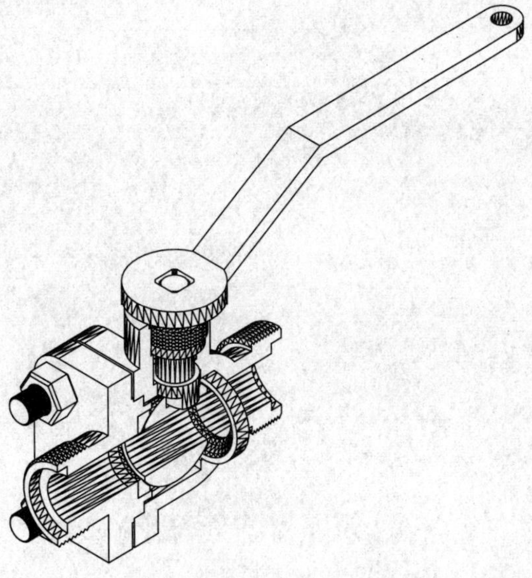

图5-3-33

二、1/4剖切视图

第1步 用"剖切"命令,在球阀1/2剖切视图基础上再进行1/2剖切处理;将阀盖、阀体、左边的密封圈和阀芯沿 YZ 平面上的原点处进行剖切，保留两侧，然后将阀盖、阀体、左边的密封圈和阀芯沿 XY 平面上的(0,0,21)行剖切，保留在点(0,0，-25)的一侧部分。(注意:执行第二次“剖切”命令时，AutoCAD 会提示“剖切平面不与 1 个选定实体相交。”执行该命令后，将多余的图形删除即可)。

第 2 步　用“删除”命令，将视图中相应的图形删除。

第 3 步　用“渲染”命令，渲染图形，结果如图 5 - 3 - 34 所示。

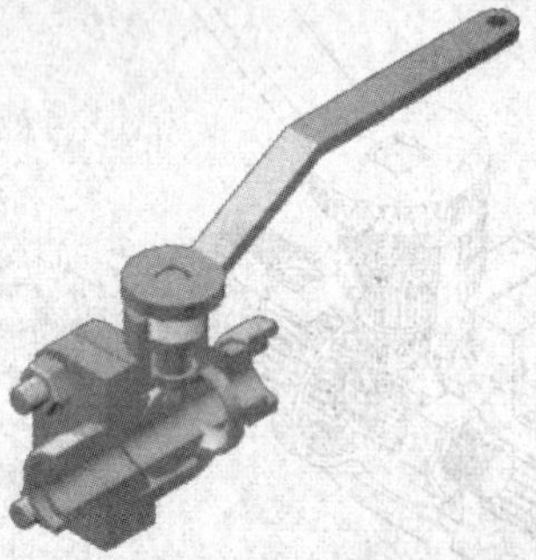

图 5 - 3 - 34

项目六 AutoCAD 的二次开发

本项目简要介绍 AutoCAD 的二次开发功能。AutoCAD 是开放体系结构的应用程序,是一种通用的 CAD 应用软件,用户和开发者可以使用多种方法定制或者简化操作,使工作效率更高。AutoCAD 编程具有灵活性和可扩充性。为了方便读者学习,本项目介绍用二种流行的编辑语言编写程序、加载和运行方法。

任务一 全面讲解 用 AutoLISP/Visual LISP 编写程序

任务分析

本任务主要讲解用 AutoLISP/Visual LISP 编写程序、加载和运行方法。

AutoLISP 和 Visual LISP 具有访问图形数据库的所有方式,但是无法使用它们创建任何的定制对象。它们有两个缺点:一是 AutoLISP 和 Visual LISP 只在 AutoCAD 会话中有效;二是只能访问 AutoCAD 当前加载的图形。但是,采用 Auto LISP 和 Visual LISP 的一个最大好处是:只需短短的几行代码,就能够编写一个操作图形对象的小程序。

任务重点

AutoLISP/VisualLISP。

任务步骤

一、在 AutoLISP 中创建程序

在 Visual LISP 编辑器中新建一个文件,添加下列代码,然后保存到指定位置,就可以创建一个程序。

打开 AutoLISP 编辑器方法是:工具→AutoLISP→Visual LISP 编辑器。

```
(defunc:Hello()
;定义函数名称
(setq ptSt'(100 100 0))
(setq ptEn'(200 100 0));定义起点和终点位置
;在图形窗中创建直线
```

```
(command"line"ptStptEn"")
;在命令行给出消息提示
(setq str"欢迎您来学习 autolisp!")
(prompt str)
)
```

二、加载和运行 AutoLISP 程序

第 1 步　用"工具→加载应用程序"命令，弹出"加载/卸载应用程序"对话框。如图 6-1 所示。

图 6-1

第 2 步　从文件列表中选择所要加载的程序，单击"加载"。注意，所有二次开发的程序必须加载后才能使用。

此外，在"加载/卸载应用程序"对话框中单击"内容"，系统会弹出如图 6-2 所示的"启动组"对话框。放在启动组中的程序会在 AutoCAD 运行时自动加载，这对调试程序非常有用。

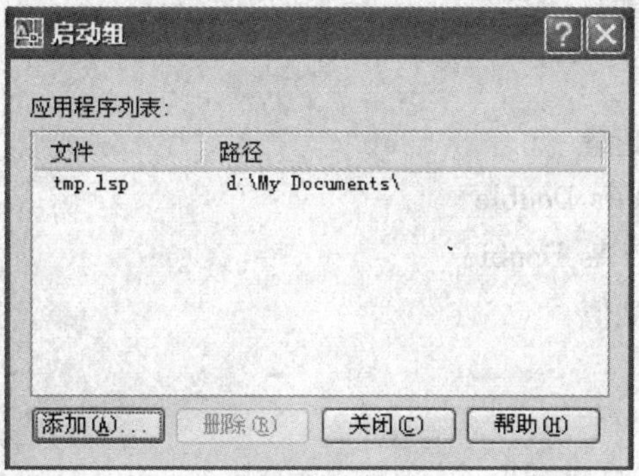

图 6-2

第 3 步 加载程序之后,在命令行键入 hello 并回车,就可以执行本任务创建的程序。

任务二 实战演练 用 ActiveX/VBA 编写程序

任务提示

本任务讲解 ActiveX/VBA 编写程序,AutoCAD 内置了 VBA 的集成环境,类似于 offic 系列软件中的 VBA。如果你对 Visual Basic 有一定的了解,那么 VBA 就是最好的选择。

ActiveX Automation 的一个优点是:程序员可通过它的标准化接口选择编程语言或开发环境。缺点是:在对象的访问和创建过程中受到许多限制,并且它还要依赖于 AutoCAD。

任务点拨

一、在 VBA 中创建程序

在 AutoCAD 中,直接按下快捷键 Alt + F11,就可以进入 VBA 的集成开发环境中,如图 6-3 所示。

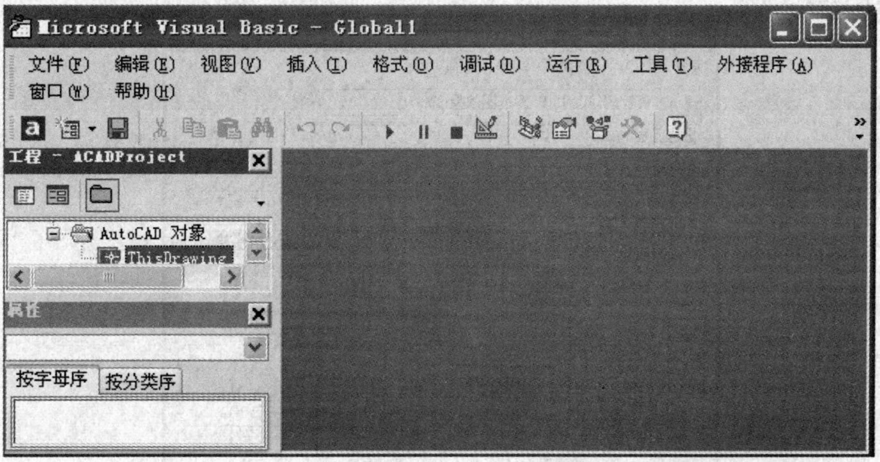

图 6-3

在ThisDrawing模块中添加如下代码：

```
Sub hello()
    '定义存储点的变量
    Dim ptst(0 To 2) As Double
    Dim pten(0 To 2) As Double
    '为起点和终点赋值
    ptst(0) =100
    ptst(1) =100
    ptst(2) =0
    pten(0) =200
    pten(1) =100
    pten(2) =0
    '创建直线
    ThisDrawing.ModelSpace.AddLine ptst,pten
    '信息提示对话框
    MsgBox"直线已经添加到图形中!"
    '图形缩放
    ZoomExtents
EndSub
```

二、加载和运行VBA程序。

第1步　加载VBA程序，既可以用上一个任务中介绍的方法，也可以用“工具→宏→VBA管理器”命令，弹出“VBA管理器”对话框，如图6-4所示，单击“加载”，就可以选择所要加载的VBA工程。

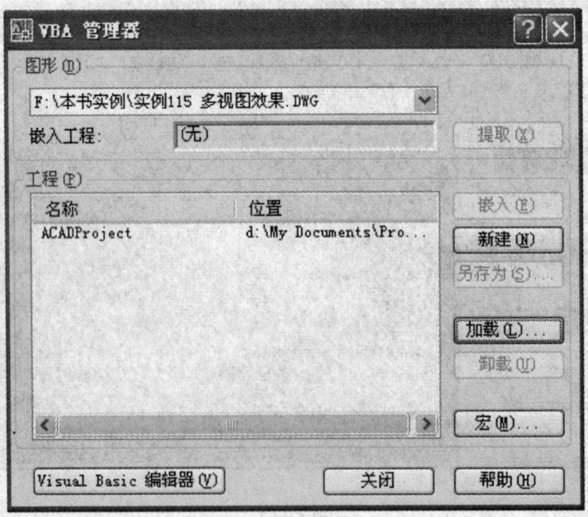

图6-4

第2步　运行VBA程序。可在AutoCAD中执行“工具→宏→宏”命令，弹出如图6-5所示对话框。从列表中选择所要运行的VBA程序，单击“运行”就能运行相应的VBA程序。

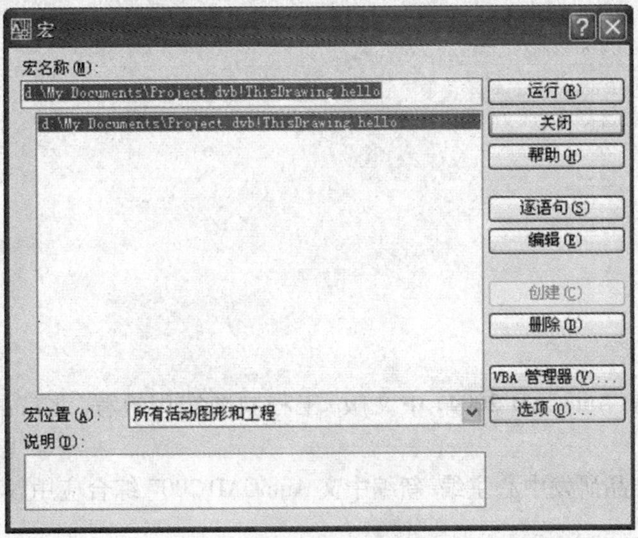

图6-5

运行结果如图6-6所示。

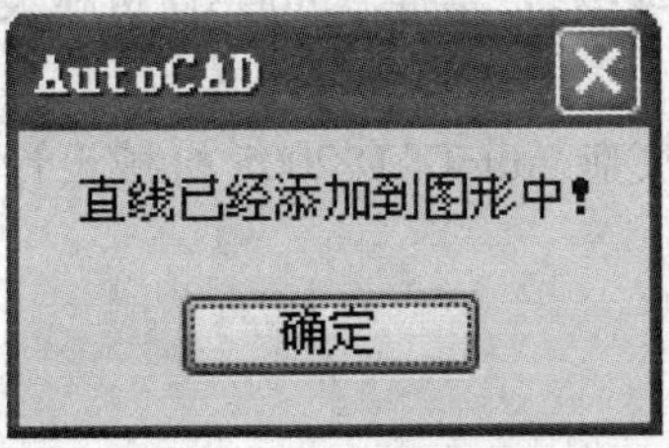

图6-6

任务三　举一反三　用VBA程序做“欢迎”对话框

图6-6

参考文献

1. 杨老记主编. AutoCAD 2004(中文版)工程制图实用教程. 北京:机械工业出版社. 2004

2. 新科教育产品研发中心主编. 新编中文 AutoCAD 2007 综合应用教程. 北京:中国国际广播音像出版社.

3. 路纯红,王兵学,许洪等编著. AutoCAD 2006 中文版三维造型实例教程. 北京:机械工业出版社. 2005

4. 赵永玲,李爱军,刘昌丽等编著. 精通 AutoCAD 机械设计 300 例. 北京:电子工业出版社. 2006

5. 周剑,戴正强等编著. 中文版 AutoCAD 2005 机械设计技术精粹. 北京:兵器工业出版社;北京希望电子出版社. 2006